1% 리더만 아는
유머대화법

1% 리더만 아는
유머 대화법

| 임붕영 지음 |

미래지식

{ 들어가는 말 }

가장 효과적인 설득은 바로 '한 마디 유머' 이다

'어머니 날 낳으시고 원장님 날 만드셨네!'

어느 날 시내를 지나가다 우연히 발견한 어떤 성형외과의 광고 문구다. 이 얼마나 기막힌 문장인가. 정상인이라면 이 문구를 한 번 들으면 평생 잊을 수 없으리라. 재미있고 짤막한 유머의 형태이기 때문이다. 이것이 '유머의 힘'이다.

아마 그 성형외과가 자질구레한 말로 설득하려 들었다면 식상감만 주고 쉽게 기억에서 사라졌을 것이다.

필자는 '유머화법'이라는 주제로 15년 가까이 강의해오고 있다. 좀 더 부드럽고 재미있게 말하자는 것이다. 그 강의의 핵심 콘텐츠에는 '똑똑한 사람보다 유머 있는 사람이 인기 있고, 존경을 받는다.'라는 메시지가 담겨 있다. 똑똑한 사람이 판치는 세상에 더 이상

똑똑한 말로는 자신을 들어낼 수 없으며, 차별화시킬 수 없고, 설득하기 어렵다는 것이 필자의 주장이다.

그런 면에서 이 책은 지난 15년간 강의하면서 체험한 사례들과 내 강의를 들은 수강생들과 나눈 이야기가 대부분이다.

유머화법 강의 시간에 첫 번째로 던지는 질문이 있다.
"누구와 일하고 싶어요?"
"어떤 직원을 뽑고 싶어요?"
"어떤 사람이 성공한다고 생각하세요?"
"어떻게 말하고 싶어요?"

이렇게 물으면 십중팔구는 똑같은 대답이 나온다. 바로 '유머'다. 유머 있는 사람과 일하고 싶고, 유머 있는 사람을 채용하고 싶고, 유머 있게 말하고 싶다는 것이 공통점이다. 이 얼마나 재미있는 답변인가.

유머라는 주제로 강의하면서 '왜 사람들은 유머에 빠져드는가?'라는 의문을 수없이 갖게 된 이유가 여기에 있다. 이제는 유머가 경쟁력이고 능력이라는 것이 그간의 강의 경험을 통해 얻은 결론이다.

이 책은 유머 있게 말하자는 내용이다. 진부한 이론이 아니라, 가정이나 직장, 강의, 비즈니스 등 인간관계에서 떼놓을 수 없는 대화를 좀 더 재미있고, 유익하게 하자는 실전 지침서다.

가장 효과적인 대화는 '경청-질문-설득'의 세 단계를 밟으며 각 단계별 유머로 양념을 치자는 것이다. 그래서 필자는 이 책을 한 마디로 말한다면 '경질설유 화법' 이라고 부른다.

　기존의 유머나 일반 화법서와는 달리 이 책만이 갖는 강점이 있다. 유머와 화법을 결합한 실무서라는 것이다. 게다가 이 책에는 세상을 움직인 링컨, 케네디, 오바마, 레이건, 처칠 등 세계적인 리더들의 생생한 유머가 담겨 있다. 그리고 언제든지 유머 있게 말할 수 있는 실천전략들이 당신을 기다리고 있다. 이 책을 가까이 할수록 당신의 말재주는 놀랍게 향상될 것이다.

　필자는 강의할 때마다 강력하게 주장하는 바가 있다. "썰렁해도 유머 있게 말하라."라는 것이다. 결국 똑똑한 사람보다는 재미있는 사람에게 더 많은 기회가 온다고 믿기 때문이다.

　유머야말로 '촌철살인'의 무기다.

　많은 사람들이 부드럽고 유머 있게 말하고 싶어 한다. 이는 지위나 직업을 떠나 누구나 바라는 바이다. 바로 이 책을 읽어나가면서 당신은 그 갈증을 풀게 될 것이다.

　일만 아는 사람, 진지한 사람에게는 늘 일만 쌓이고, 진지한 결과만 남는다. 그래서 나는 오늘도 "똑똑한 사람보다 유머 있는 사람과 일하고 싶다!"라고 외친다.

　이 책이 당신의 말재주를 향상시키고 감성 시대를 이끌어가는 유머대화법의 지침서가 되기를 바란다. 그리고 다음을 명심하라.

　'유머 한 마디가 백 마디 말을 이긴다.'

　이 책이 세상에 나올 수 있도록 지원해주고 좋은 유머 리더십의 사례와 유머 경영의 생생한 현장을 보여주는 송오현 DYB교육 대표에게 진심으로 감사를 드린다. 또한 아빠의 유머 실력을 향상시키기 위해 늘 각종 유머를 열심히 수집해오는 사랑하는 두 딸과, 아내에게 고마움을 전한다. 또한 나에게 유머 DNA를 물려주신 어머니를 진정 자랑스럽게 생각하며 감사드린다.

2011년 9월

임 붕 영

Contents

들어가는 말 _ 가장 효과적인 설득은 바로 '한 마디 유머'이다

|제1장| 유머로 말재주를 향상시켜라

❶ 재미있게 말해야 호감을 산다 … 13
　TIP_유머가 통하는 3단계 전략 … 20
❷ 유머로 풀어보는 10가지 말의 유형 … 21
　TIP_화법의 네 가지 유형 … 30
❸ 사회가 복잡하면 유머가 통한다 … 31
1분 유머처방전_무조건 들이대지 마라 … 39

|제2장| 재미있게 듣는 사람이 매력 있다

❶ 유재석처럼 경청하라 … 43
❷ 재미있게 들어라 … 47
　TIP_공감을 창조하는 대화법 … 52
❸ 분쟁의 씨앗인 말의 벽을 넘어라 … 53
　TIP_이기는 화법의 비결! 3F 전략 … 58
❹ 황희 정승에게 배워라 … 59
　TIP_유머감각 10배 키우는 기술 … 66
❺ 칭기즈칸에게 배워라 … 67
❻ 경청의 심리기술을 이용하라 … 73
❼ 마법의 두 귀로 마음을 움직여라 … 83
　TIP_주의를 집중하는 경청의 습관 … 86
　TIP_선입견을 버리는 경청의 습관 … 90
1분 유머처방전_경청의 달인이 되는 비결 … 93

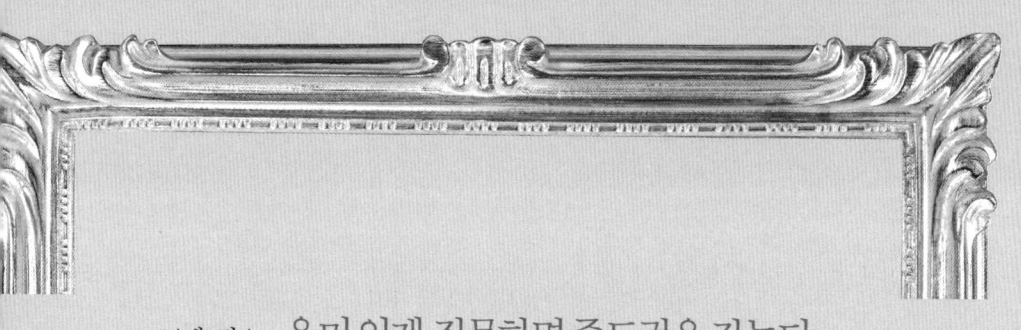

|제3장| 유머 있게 질문하면 주도권을 잡는다

❶ 손석희처럼 질문하라 … 97
❷ 질문으로 제압하라 … 101
　TIP_효과적인 질문기법 … 104
❸ 핵심을 찌르는 유머를 터득하라 … 105
　TIP_말을 썩지 않게 하는 3% 비밀 … 111
❹ 상황에 맞는 질문으로 상대를 묶어두라 … 112
❺ "왜?"라는 질문의 덫에서 벗어나라 … 131
❻ "어떻게?"라는 질문의 그물을 던져라 … 136
　TIP_핵심을 찌르는 질문기술 … 142
❼ 예수의 질문법을 배워라 … 143
❽ 재치 있는 질문으로 대화를 역전시켜라 … 148
1분 유머처방전_실문의 달인이 되는 법 … 157

|제4장| 유머로 설득해야 이길 수 있다

❶ 강호동처럼 유머 있게 말하라 … 161
❷ 결정적 순간에 유머를 터트려라 … 165
　TIP_유머를 살리는 4감 기법 … 170
❸ 상대방이 좋아하는 언어로 말하라 … 171
　TIP_설득력을 10배 높이는 SHOW 화법 … 175
❹ 유머 한 방으로 "예."를 이끌어내라 … 176
　TIP_유머 파일 만들기 … 186
❺ 결정적인 유머로 판을 뒤집어라 … 187
　TIP_유머효과를 극대화시키는 방법 … 190

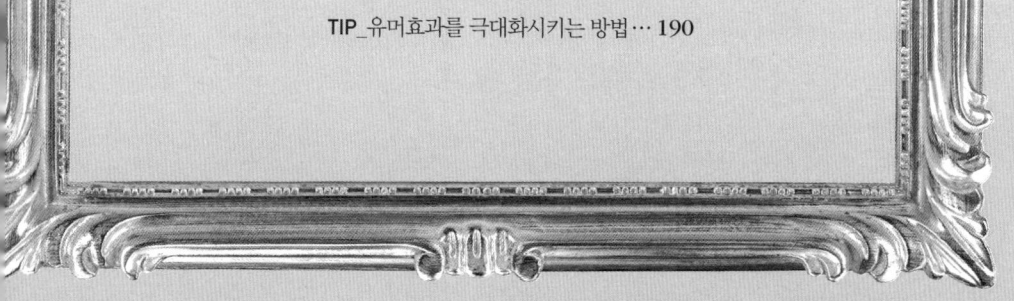

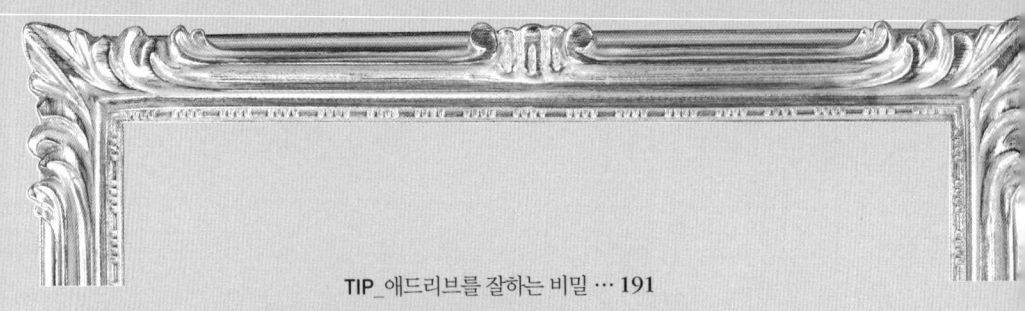

　　　　　　　　TIP_애드리브를 잘하는 비밀 … 191
❻ 마법의 스토리로 심장을 쏴라 … 192
　　　　　　　　TIP_대화 속에 스토리를 만드는 비법 … 197
❼ 링케오 화법으로 설득하라 … 198
❽ 2S1W 유머 기법으로 공격하라 … 206
　　　　　　　　TIP_누구에게나 통하는 ABC 화법 … 215
❾ 상대의 언어로 설득하라 … 216
　　　　　　　　TIP_설득당하고 설득하라 … 221
❿ 설득의 달인이 되려면 BMW를 타라 … 222
　　　1분 유머처방전_설득의 달인이 되는 길 … 231

|제5장| 똑똑한 사람보다 유머 있는 사람이 되라

❶ 유머 한 마디가 백 마디 말을 이긴다 … 235
　　　　　　　　TIP_거울 속의 신데렐라 … 241
❷ 유머 있는 사람이 승진도 빨리한다 … 242
　　　　　　　　TIP_유머감각을 살리는 비밀 … 247
❸ 결정적 순간에 판을 뒤집는 상황별 유머 전략 … 248
　　　　　　　　TIP_절대로 유머를 구사해서는 안 되는 경우 … 262
❹ 명사들에게 배우는 실전 유머화법 … 263
　　　1분 유머처방전_왜 유머 있게 말해야 하는가 … 271

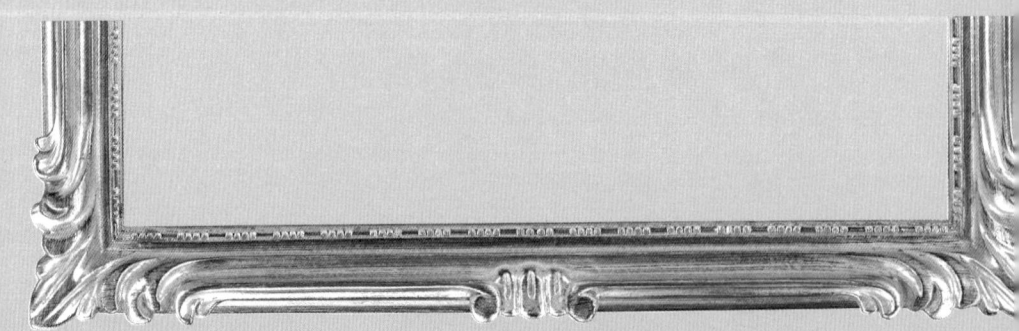

제 1 장
유머로 말재주를 향상시켜라

무심코 던진 말 한마디가
상대와 벽이 될 수도 있고 다리가 될 수도 있다.

재미있게 말해야 호감을 산다

말은 곧 리더십이다. 리더십이란 원하는 것을 얻는 일이다.

 매일 텔레비전에 얼굴이 나오는 꽤나 유명한 정치인이 어느 날 지역구 유치원을 방문했다.

원생들은 손뼉을 치며 환영했다. 어린 새싹들의 밝은 모습을 본 그는 흡족해하며 아이들을 향해 물었다.

"여러분, 내가 누구인지 알아요?"

"네. 국회의원이요."

그러자 그는 유치원생마저 자신을 알아보는 것이 대단한 인기라 여기며 재차 물었다.

"그럼, 내 이름이 뭔지 알아요?"

그러자 아이들은 하나같이 큰 소리로 외쳐댔다.

"저 자식이요!"

서글픈 일이다. 어찌 순수한 아이들의 입에서 이런 단어가 거침없이 나올 수 있을까? 정치만 혼탁한 것이 아니라 우리 사회의 언어가 혼탁해짐을 걱정해야 한다. 청소년의 욕설이 사회 문제화되고 있음은 어제, 오늘의 일이 아니다. 이처럼 어른, 아이 할 것 없이 말이 혼탁해지는 것은 그만큼 우리사회가 골병이 들고 있다는 증거다. 어른들이 TV를 보며 무심코 던진 "저자식 또 나왔네." 이 한 마디가 아이들에게 그대로 전염된다는 사실을 명심해야 한다. "인간은 말을 만들고 말은 인간을 만든다."라고 할 어반은 말하지 않았던가. 자칫 말 馬보다도 말 못하는 동물로 전락하지 않을까 걱정이다. 물론 "저 자식."이라는 말을 들을 만한 우리의 정치문화가 문제의 발단임을 잊어서는 안 된다.

말을 잘하는 것도 중요하지만 좀 더 신뢰감을 주는 것이 더 중요하다. 그리고 재미있게 말 한다면 이 얼마나 호감을 주는 언어습관이겠는가. 우리 사회가 서로를 믿지 못하는 풍토로 변해가는 것은 나쁜 말습관이 한몫을 하고 있다. 좀 더 부드럽고 감성적이며, 재미있는 언어를 구사한다면 그만큼 더 살기 좋은 사회가 될 수 있을 것이다.

나는 지난 15년간 대학과 기업체, 사회단체, 관공서, 주부 등을 대상으로 어떻게 하면 말을 잘하고 재미있는 대화를 나눌 것인가에 대하여 강의하고 토론했다. 지금까지 유머 커뮤니케이션을 주제로 강의하면서 느낀 공통점은 스스로 자신 있게 말을 잘한다고 말하는 사람은 없다는 것이다. 우리는 늘 말하는 문제에 대하여 고민하고 있다는 증거다. 그러면서 그들 중 일부는 "왜 대학이나 초·중고등학교에서는 가장 기본적이면서 중요한 말하기 기술을 가르치지 않는지 이해가 되지 않는다."라고 말한다. 이것은 나의 의문이기도 하다. 왜 성인이 되어서야 바쁜 일과를 쪼개며, 심지어 기업에서는 많은 시간과 비용을 지불하며, 말하기를 가르치고, 훈련시키고 있는가? 대화가 곧 리더십이며, 업무이고, 24시간을 지탱해주는 에너지이기 때문이다. 그러니 말을 잘하는 사람은 그만큼 훌륭한 리더십을 발휘하는 것이며 말을 못하는 사람은 뒤쳐질 수밖에 없는 것이 우리들의 인생무대다. 그동안 말을 주제로 강의하면서, 자신의 말 때문에 고민하는 사람들의 애기를 들어보면, 대개 다음과 같다.

> 나는 일은 잘하는데 말주변이 없다는 애기를 듣는다. 그러니 프레젠테이션을 할 때면 차라리 죽음을 선택하는 게 낫다는 생각을 수도 없이 해봤다. 상사 앞에 서면 초라해지는 내 자신이 부끄럽다. 왜 나는 능력만큼 말재주가 없는지 원망스럽다.　　　－모 제약회사 김 과장

> 나는 부족함이 없다고 생각한다. 재산도, 지위도, 남부럽지 않다. 그런데 늘 나를 괴롭히는 것이 있다. 술자리를 가나, 회의 자리에 가나, 사람들은 나를 보고 건배사나 인사말을 부탁한다. 이럴 때면 내 자신이 한없이 작아지는 것을 느낀다. 늘 말재주가 뒷받침되지 않아 자존심이 상한다. 남몰래 화술에 관한 책도 보고, 노력해봤지만 소용

이 없었다. 나는 돈 버는 기술만큼 왜 말재주가 없는지 모르겠다.

-모 기업체 CEO

　나는 인사담당업무만 10년째 보고 있다. 사람들이 우리 회사에 입사했다는 것은 어떤 업무가 주어져도 처리할 수 있는 능력이 있기 때문이다. 그런데 어떤 사람은 더 좋은 성과를 내고 승진하고 어떤 사람은 퇴출되는가 하면 주어진 업무만 간신히 하는 사람들이 있다. 이들 사이에는 큰 다리가 있다. 바로 '말' 이라는 다리다. 말을 제대로 잘하는 사람은 그 다리로 원하는 목표에 쉽게 이르고, 그렇지 못한 사람은 그 다리가 오히려 위험이 될 수 있다. 자칫 다리를 넘는 중간에, 다리가 무너질 수 있기 때문이다. 나는 '말이 곧 능력' 이라는 것을 확신한다. 또한 인사업무를 보면서 많은 사람들이 자신의 말주변 때문에 고민하는 것을 보았다. 나 또한 커뮤케이션의 부족을 느끼고 산다. 어떤 상황에서도 자신 있게 말을 잘하고 싶은 것은 모든 사람들의 욕망이다.

-모 대기업 인사담당 팀장

　나는 지난 학기에 선배가 마련해준 모 대학의 강의를 그만둘 수밖에 없었다. 강의 평가에서 2년 연속 꼴지를 한 것이다. 나중에 선배에게 들은 얘기인데 나의 말재주가 부족하여 학생들이 항의하는 소동까지 벌어졌다고 한다. 박사학위까지 받는 과정 중에 커뮤니케이션 스킬을 제대로 배우지 못한 게 후회된다. 이제 나는 논문을 쓰고 책을 쓰는 일이 아니라, 말을 제대로 하는 법을 배우는 것이 급선무라는 생각이 든다. 아는 것을 제대로 전달하는 것이 논문쓰기보다 힘들다는 것을 이제야 깨닫는다.

-모 대학 강사

나는 결혼한 지 15년이 되었다. 그런데 항상 우리집 부부싸움의 원인 제공자다. 늘 후회하지만 쉽게 고쳐지지 않는다. 앞뒤 가리지 않고 불쑥 던진 말 한 마디가 아내의 자존심을 상하게 한다. 늘 내 입장에서 일방적으로 쏟아붙이듯이 말한다고 아내는 투덜댄다. 그러면서 아내가 올바른 소리를 해도 나는 귀담아 경청하는 습관이 되어 있지 않다. 늦은 감은 있지만 말을 제대로 하는 법을 익히는 것이 원만한 부부관계를 유지하는 비결이라는 생각이 든다. 사소한 말 한 마디가 불씨가 된다는 것을 세상 사람들에게 내 경험을 통해 말하고 싶다.

-모 대기업 간부

나는 취업 재수생이다. 남부럽지 않은 영어 실력과 학점을 갖고 있지만 늘 면접에서 실패한다. 이 달 들어서만 다섯 번 면접을 봤다. 그런데 면접관 앞에만 서면 나는 눈앞이 보이지 않고 혀가 굳어버린다. 아무리 예행연습을 하고 만반의 준비를 해도 조리 있게 말을 못하는 병을 앓고 있는 것 같다는 생각이 든다. 최근에 본 기업체의 면접관은 이런 질문을 했다.

"최근에 신 나게 웃어본 일을 생생하게 말해보시오."

나는 한참이나 망설이다가 머리를 긁적거리며 이렇게 말했다.

"없는 거 같은데요."

그러자 면접관은 이렇게 한 마디했다.

"가보세요."
―모 취업 재수생

나는 동기생보다 1년 먼저 팀장으로 승진했다. 그런데 늘 직원들 앞에서 말을 많이 해야 하는 일을 떠안게 되었다. 말을 제대로, 멋지게 하는 것이 스트레스라는 것을 이제야 알 것 같다. 말 못하는 내가 과연 CEO로 승진할 수 있을까 하는 고민이 생긴다. 그래서 요즘은 퇴근 후에 화술에 관한 책을 읽는 것이 일과가 되었다. 하지만 아무리 책을 많이 읽어도 말을 못해 고민이다.
―모 보험회사 박 팀장

나는 요즘 한 마디로 죽을 지경이다. 모 기업체 입찰에서 그만 상대방 회사에게 속된 말로, '물을 먹고' 말았다. 사업계획서는 우리 회사가 훌륭하지만 설명회에서 심사위원들을 설득하지 못한 '말' 때문이다. 상대는 우리보다 계획서가 알차지는 못하지만 그는 달변가였다. 내가 말할 때는 졸고 있던 심사위원들이 그가 마이크를 잡자 고개를 끄덕였다. 말이 이렇게 무서운 줄은 미처 몰랐다. 그날 사장은 나에게 이렇게 말했다. "홍 팀장, 자네는 말부터 다시 배워야 할 것 같군."
―모 건설회사 홍 팀장

요즘은 재미있게 말하는 사람들이 인기가 있는 것 같다. 아무리 똑똑하고 경험이 많아도 웃음을 주지 못하는 강사는 퇴출 1순위다. 나는 재미있게 말하는 것이 커뮤니케이션의 모든 것이라고 말하고

싶다.　　　　　　　　　　-모 대기업 CEO 출신 기업체 전문 강사

　어찌 말 때문에 고생하는 사람들이 이들뿐이겠는가. 나는 이들과 함께 말을 주제로 강의하면서 이런 결론을 내릴 수 있었다.
　'말은 곧 리더십이다.'
　리더십이란 원하는 것을 얻는 일이며, 구성원들을 설득하여 미래를 향해 나가는 것이다. 여기서 설득의 힘을 잃으면 리더십을 발휘할 수 없음은 자명한 일이다.
　그러나 태어나면서부터 말을 잘하는 사람은 없다. 하지만 저절로 말을 잘하는 것 또한 아니다. 늘 잘하려고 노력해야 한다. 이런 관심의 법칙이 당신을 달변가로 만들 것이다. 신중하면서 핵심적인 내용을 잘 포장하여 전달하는 기술이 필요하다.
　최근에 강의를 하면서 느낀 것이 또 하나 있다. 많은 사람들이 '자기의 언어'를 포기하고 '남의 언어'를 빌려 쓴다는 것이다. 말을 잘한다는 것은 자신의 개성과 사상을 드러내는 것이지, 타인의 입을 빌려 자신의 말을 전달하는 것은 아니다. 그러니 복잡한 시대일수록 '자신의 언어'를 가질 수 있어야 한다. 말을 배우는 것은 타인의 말을 흉내 내는 것이 아니라, 자기 고유의 언어감각을 살리고 자신의 말을 계발하라는 것이다. 남의 말만 따라하는 것은 자칫 앵무새처럼 흉내 내는 것으로 그칠 수 있다. 아무리 앵무새가 예쁜 소리로 말해도 말 잘한다고 하는 사람은 없다. 그저 "사람 흉내 잘 내는 놈."이라는 말을 할 뿐이다.

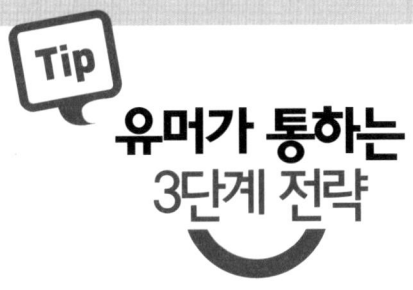

유머는 대화 중에 어떻게 상대를 변화시킬까. 유머가 좋은 것은 그저 웃음을 나눌 수 있기 때문이 아니다. 유머는 상대의 심리를 교란시키고, 내가 의도한 대로 행동의 변화를 이끌어내는 힘이 있다. 이것을 나는 '유머의 마법'이라고 부른다. 그럼 대화에서 유머가 통하는 3단계 전략을 알아보자.

1단계 - 감성을 자극하여 마음을 열게 한다.
일단 상대의 마음을 흔들어놓으면 절반은 성공한 것이다. 유머는 웃음을 자아내고, 정서변화를 통하여 당신의 말에 호의적인 태도를 갖게 만드는 힘이 있다.

2단계 - 유연한 사고를 갖게 한다.
일단 웃고 마음이 열리면 다음은 머리를 열게 된다. 자기만의 방식을 고수하지 않고 유연한 사고를 갖게 됨으로써 당신의 말에 호의적인 태도를 보인다.

3단계 - 행동에 나서게 만든다.
유머는 마지막으로 당신의 제안이나 설득에 동의하게 만드는 힘이 있다. 이런 행동의 변화는 당신을 호감 있는 사람이나, 가까이하고 싶은 사람으로 만든다.

유머로 풀어보는 10가지 말의 유형

당신이 촌철자살형이라면 우선 말하는 법을 수정하고 논리적으로 말하는 기초를 다져라.

 화상 입은 환자를 병문안 가서 이렇게 말하는 사람도 있다.
"난 화끈한 사람을 좋아한다네."
아무리 말이 고와도 이처럼 상황을 벗어나면 말의 힘을 잃게 된다.

'於異阿異어이아이' 라고 했다. '어 다르고, 아 다르다.' 라는 말이다. 이처럼 무심코 던진 말 한 마디가 상대와 벽이 될 수도 있고 다리가 될 수 있다. 우리가 하는 말은 자신이 누구라는 것을 세상에 알리는 신호다. 우리 속담에 '비지 사러 갔다가 두부 사온다.' 라는 말이 있다. 또한 '말이 입힌 상처는 칼로 입힌 상처보다 크다.' 라는 서양 속담도 있다. 말은 분쟁의 씨앗이 될 수도, 평화의 장이 될 수도 있음을 명심하라. 오늘 당신이 던진 말 중에서 가장 값진 말은 무엇인가.

혹은 가장 후회되는 말은 무엇인가. 말이 곧 당신 자신이다.

아마 위에서 고민을 토로한 사람들이 바로 당신 자신이기도 하다. 그래서 당신이 이 책을 지금 손에 쥐고 있는 것이다. 나는 여기서 한 발 더 나아가 말 잘하기 강의를 하면서 얻은 다양한 사람들의 고민을 듣고, 이를 분석하여 다음과 같은 말 못하는 유형을 발견할 수 있었다. 당신도 이 중 어느 유형에 속할 것이다. 속하지 않는다면 이 책을 덮어도 좋다. 완벽한 존재이기 때문이다. 그렇지 않다면 나는 어느 유형에 해당되는지 찾아보고 또한 이 책에서 제시하는 해결책을 따르기 바란다. 우리 사회는 일명 '말맥경화'에 걸려 고민하는 사람들이 부지기수라는 것을 명심하라.

촌철자살형

말 한 마디로 판세를 뒤집기는커녕 늘 자살골을 넣는 유형이다. 그리고 늘 말을 못해서 고민하는 사람들이 여기에 해당된다. 상황에 맞는 언어 선택, 장소, 타이밍을 고려하지 못하고 불쑥불쑥 입에서 나오는 말을 하여, 가슴 치며 고민하는 형이다. '寸鐵殺人촌철살인'은 말 한 마디로 허를 찌르고 대화 분위기를 리드해 나가는 기법을 말하지만 이는 그 혀가 언제나 자신을 향하여 제 살을 베게 만든다.

당신이 촌철자살형이라면 우선 말하는 법을 수정하고, 논리적으로 말하는 기초를 다져라. 덤벙대지 말고 상대의 말에 귀 기울여 대화 분위기에 편승하는 것도 한 가지 방법이다. 화법에 관한 책을 읽으면서 문장의 핵심적인 내용을 파악하여 줄을 치면서 읽는 습관을 가져보라. 말을 많이 하는 데 신경 쓰지 말고, 한 마디, 한 마디에 신중을 기하는 것이 해결책이다.

입풍당당형

자신은 '威風堂堂위풍당당'하게 말한다고 하는데, 남들은 입만 살아있는 입풍당당형으로 받아들인다. 말은 많이 하는데, 내용이 없고 도대체 무슨 말을 하는지 종잡을 수 없는 유형이 여기에 해당된다. 이런 유형의 사람은 말을 많이 하는 것이 잘하는 것이라는 착각을 하고 있다. 지루하게 미주알고주알 말해도 알맹이가 없으면 좋은 대화가 아니다.

당신이 입풍당당형이라면 우선 말수를 줄이고, 핵심을 전달하는 데 주력하라. 입에 바람만 가득 들어 있으니 우선 바람부터 빼라. 신속 있는 대화를 즐기는 습관을 가져라. 말로 상대방을 이기려 들지 마라. 이를 '수다형'이라고도 하는데 이는 상대를 피로하게 만들고 시간 낭비를 한다는 느낌을 준다. 그러니 동창회나 스트레스 푸는 장소가 아니라면 입풍당당하게 입을 열지 마라.

개고생형

열심히 말을 하는데 개고생하는 사람이 있다. 이를 개고생형이라 한다. 개성이 없고, 상대방을 고려하지 않으며 생기 없이 말하는 사람이 여기에 해당한다. 말은 곧 생명이다. 정체성이다. 그러니 개성과 맛, 색깔을 가져야 한다. 늘 상대방을 신경 쓰고 배려하며 상황을 고려해야 한다. 그리고 생기발랄하게 열정이 넘쳐나야 감동을 줄 수 있다. 특히 당신이 세일즈맨이나 프레젠테이션을 하는 위치에 있다면 명심하라. 자칫 개고생으로 끝날 수 있다.

당신이 개고생형이라면 우선 자신의 개성과 특성을 살려라. 나는 누구라는 것을 확실히 알려야 한다. 그리고 상황을 고려하라. 말은 상황을 통제하고 공감을 이끌어내는 에너지여야 한다. 말에 에너지를 불어넣어라. 열정 없이 다가가는 말은 생명을 잃을 수 있다. 말 자체보다 열정적인 태도에 감동해 상대가 당신에게 끌려올 수 있다.

임기응변형

대화 중에 재치 있게 상황을 리드해 나가지 못하고 매일 지루한 말만 되풀이하는 사람이 있다. 이는 '臨機應變임기응변'에 능하지 못해 말만 늘어놓는 사람이 있는데, 이를 '임기응변형'이라 한다. 재치, 위트, 유머 있게 말하면 설득력을 높일 수 있고, 대화 분위기를 따뜻하게 만들어갈 수 있다. 임기응변식으로 장황하게, 재미없게 말한다면 따돌림당하기 십상이다.

당신이 임기응변형이라면 재치와 위트감각을 키워라. 놀이와 감성, 재치와 웃음이 지배하는 예능력의 시대에 살고 있다. 과거처럼 외우고, 쓰고, 성과를 내는 시대에서 이제는 예능적인 감각을 살려 나가는 사람이 경쟁력 있는 시대다. 말을 재미있게 하는 것은 무게가 없는 것이 아니다. 그것은 무게 이상의 의미를 상대에게 전달하고 공감할 수 있는 관계를 맺어나가는 것이다. 장황하게 말하지 말고 핵심적인 내용을 위트 있게 포장하라.

무비유환영

토론이나 세미나, 회의, 거래처 방문, 맞선, 소개팅, 면접, 세일즈, 강의의 생명은 사전에 얼마나 충실히 준비했느냐에 달려 있다. 사전에 철저히 준비하면 후환이 없다. 이것이 '有備無患유비무환'이다. 그런데 덤벙대고 준비 없이 참석하여 엉뚱한 얘기나 하여 점수를 깎아 먹는 사람들이 있다. 이를 무비유환형이라 한다. 사전에 준비 없이, 이길 수 있는 대화로 상대를 리드해 나가기는 곤란하다.

당신이 무비유환형이라면 사전에 철저히 준비하는 자세를 가져라. 회의에 참석할 때는 최근의 경제 동향이나 경쟁사의 상황, 오늘 아침의 주요 경제뉴스를 자세히 읽고 들어가라. 강의를 한다면 수강생의 나이, 학력, 교육 동기, 그들이 속한 기업의 문화를 조사하여 이를 가지고 가서 풀어놓아라. 말은 준비하는 만큼 설득력 있게 잘 할 수 있다.

고집고통형

많은 사람들이 A안이 좋다고 말하는 데 목숨 걸고 버티듯이 B안을 고집하는 사람들이 있다. 이러한 사람은 '固執不通고집불통'을 넘어 固執苦痛고집고통형이다. 고집고통형의 사람들은 융통성이 없고 대세를 따르는 유연성이 없어 주변 사람들을 늘 고통스럽게 만든다. 이러한 유형은 대개 대화의 기피대상 1호다. 때로는 고개를 숙이고 상대를 감싸는 포용의 자세가 필요한데 고집고통형은 독불장군식으로 자기 의견만 밀어붙이려 든다.

당신이 고집고통형이라면 우선 잘난체하는 고집부터 뜯어 고쳐라. 상대방의 관점에서 사물이나 상황을 바라볼 수 있는 관점의 전환을 하라. 대화는 반드시 즐거워야 할 필요는 없지만 고통을 주어서는 안 된다. 다음에 또 만나 대화하고 싶은 여운을 남기고 배려하라. 만약 당신이 상대를 배려하지 않는다면 늘 상대를 베려드는 사람이다. 누가 당신 곁에 있겠는가.

불고감사형

이기는 대화를 즐기는 성공한 리더들은 늘 정서를 선물한다. 마음을 잡아야 산다는 것을 잘 알고 있기 때문이다. 가족이나 직장 동료, 혹은 친구 사이에 정서를 전달하지 못하고 언어만 나누는 사람이 있다. 이런 사람을 불고감사형이라 한다. "고맙습니다.", "감사합니다.", "사랑합니다."를 제대로 표현하지 못하는 사람들이다. 이런 따뜻한 말 한 마디로 벽을 허물고 돈독한 관계를 만들어갈 수 있다. 설득하는 데 주력하지 않고 감성을 나눌 때 더 장기적인 친근감과 대화의 효과를 얻을 수 있다.

당신이 불고감사형이라면 우선 감성력을 키워 나가라. 딱딱한 이미지를 벗는 것만으로도 호감지수를 높일 수 있다. 첫인상은 두 번 줄 수 없다. 그러니 따뜻한 말을 먼저 전달하라. 마음을 점령하면 나머지는 다 정복한 것이나 다름없다. 따뜻한 말 한 마디로도 당신은 감성이 넘치고 상대에 대한 배려심이 넘치는 사람으로 인정받을 수 있다.

네가미인형

내가 먼저 미소 짓고 인사하면 상대는 얼마나 기쁘게 생각할까. 그런데 늘 상대가 먼저 미소 짓고 인사하기를 기다리는 사람들이 있다. 그들은 늘 이렇게 말한다.

"네가 먼저 미소 짓고 인사하라. 나는 그런 위치에 있다."

이런 사람들을 네가미인형이라 한다. 늘 권위주의적인 말을 즐기며 직급이나 직위, 권위를 내세우며 대화하는 사람들이 여기에 해당된다. 자신은 늘 갑甲의 위치에 있다는 것을 과시하며, 모두가 자신의 말을 따라주기를 기대한다. 명심하라. 이런 네가미인형은 퇴직하고 나면 친구마저 떠난다. 당신이 네가미인형이라면 상대방의 입장에서 보고 판단할 수 있는 '易地思之역지사지'의 자세로 전환하라. 말을 많이 하기보다는 을乙의 입장을 배려하고 그들의 입장에서 말할 수 있는 넓은 마음을 가져라. 권위를 벗어던지고 수평적인 관계를 맺어라. 이제는 상하관계가 아니라, 네트워킹이 경쟁력이다. 가능하면 상대의 언어로 말하려 노력하라. 그리고 내가미인형으로 변하라.

자라형

사전에 철저히 준비했는데도 긴장되고 말이 안 나오는 사람들이 있다. 특히 상사 앞에서 보고서를 설명할 때, 프레젠테이션을 할 때,

면접을 볼 때, 낯선 사람을 만날 때 눈앞이 깜깜해지고 입이 굳어버리는 사람들, 이들을 자라형이라 한다. 그리고 이들은 잘할 수 있었는데 하면서 나중에 후회한다. 이들을 일명 후회형, 한탄형이라 한다. 준비한 것만큼 입을 열지 못하니 자신은 얼마나 답답하겠는가. 누군가가 무엇을 물어보면 자라처럼 움츠러들고 목을 감추는 사람이 이런 부류에 해당한다.

당신이 자라형이라면 우선 자신감을 가져라. 자신감보다 더 좋은 전략은 없다. 특히 유연함을 유지하라. 지나치게 경직되고 원칙에 입각한 말을 해야 한다는 부담감이 더 자라처럼 만든다. 긴장감보다는 여유를, 고정관념보다는 틀을 깨고 자연스럽게 말하는 습관을 길들여라. 목석처럼 굳어버리면 대화를 통해서 얻으려 했던 성과는 없다는 것을 명심하라.

냉탕열탕형

성격상 냉소적이고 부정적인 말을 습관적으로 하는 사람들이 있다. 그리고 이들은 뒤돌아서서 후회하며 사과하고 술까지 사는 사람들이다. 이런 사람을 냉탕열탕형이라 한다. 차갑고 냉철하며 자기중심적이라 쉽게 접근하기조차 어려운 사람들이다. 때로는 속사포처럼 일방적으로 말을 하며 소나기 퍼붓듯이 자기 말만 한다. 주변 사람을 긴장시키고 다음 날 늘 후회하는 냉탕열탕형은 감정이 없어 보인다. 자신의 말투를 반성하며 늘 상대를 열탕으로 데리고 가 찜질을 해주는 번거로운 수고를 아끼지 않는 유형이다.

당신이 이러한 유형이라면 우선 자신부터 녹여라. 마음이 차가운데 어찌 입이 따뜻하겠는가. 그리고 '정을 배달하는 우체부'로 거듭나라. 대개 냉탕열탕형은 인간성이 얼어붙은 것이 아니라, 어려서부터 부모에게서 물려받은 부정적인 유산일 가능성이 크다. 말은 전염성이 있기 때문에 가정에서 그런 환경의 영향을 받았을 가능성이 크기 때문이다. 우선 자신에게 친절해지고 말에 초점을 맞추기보다는 정에 초점을 맞추어라. 그러면 대화는 부드러워지고 감성적인 관계를 만들어갈 수 있다.

우선 당신이 어떤 유형에 해당되는지 파악하라. 그리고 각 유형별 처방전을 따라가라. 누구든지 위의 10개 유형 중에서 평균 두세 개의 유형에 해당될 것이다. 하지만 실망은 금물이다. 이것이 정상이기 때문이다. 언어는 신이 준 것이 아니라, 인간이 만들었으니, 완벽할 수는 없을 것이다. 그러나 말 못하는 습관을 탈출하기 위한 시도가 중요하다. 지금 당장 전략을 세워라. 이 책이 그 지침서가 될 것이다.

화법의 네 가지 유형

다음의 네 가지 볼은 튀는 방식이 다르다. 그래서 흔히 말하는 사람의 다양한 유형에 비유한다. 당신은 어떤 볼을 사랑하는지 생각해보라. 당신이 좋아하는 볼이 바로 당신이 말하는 방식을 말해준다.

첫째, 볼링형이다. 이는 일방적으로 말하는 사람을 말한다. 자기방식대로 볼을 던지고 스트라이크가 나면 파이팅을 외치고 골에 빠지면 볼을 나무라는 스타일이다. 상대방을 배려하지 않고 제 목소리만 내고 혼자 떠들고 제 방식대로 말하는 사람이 볼링형이다. 권위주의자가 여기에 해당한다.

둘째, 럭비형이다. 럭비공은 어디로 튈지 모르는 특성을 갖고 있다. 신 나게 말하는데 만날 때마다 말하는 방식이 다르고, 상황에 따라 카멜레온 식으로 변하는 스타일이다. 한 마디로 예측이 불가능한 유형이다. 종잡을 수 없는 스타일이기 때문에 상대는 늘 경계하고 신뢰하지 못하는 유형이다. 기회주의자가 여기에 해당한다.

셋째, 골프형이다. 골프 치는 사람은 한 치의 오차도 없이 측정하고 분석하여 스윙한다. 한 타가 모든 것을 결정하기 때문이다. 너무 정확하고 예리하여 상대하기가 버겁다. 게다가 골프공을 잘못 맞으면 뇌진탕에 걸릴 수도 있다. 원리원칙주의자가 여기에 해당한다.

넷째, 탁구형이다. 탁구공은 늘 상대와 함께 윈-윈하는 쌍방형 소통 방식이다. 독백이 아니라는 것을 말해준다. 소통의 시대에, 가장 잘 어울리는 유형이다. 공감주의자가 여기에 해당한다.

자, 그럼 어느 볼을 칠 것인가. 지금 당장 결심하라.

3
사회가 복잡하면 유머가 통한다

'말은 수학' 이다. 그 공식만 알면 누구나 쉽게 풀어나갈 수 있다.

 한 미국인이 충청도 지방을 여행하다 이발소를 찾았다. 순간 당황한 이발사는 영어를 못해 어찌할 바를 몰랐다. 그가 망설이다 충청도 사투리로 말했다.

"왔시유?"

그러자 미국인은 서투른 영어로 'What see you?' 하는 줄 알고 이렇게 말했다.

"Mirror 거울."

이발사는 그냥 밀라는 줄 알고 그의 머리를 박박 밀어버렸다.

이처럼 소통이 되지 않으면 늘 고통이 따른다. 나는 그동안 대학과 산업체에서 '말맹 탈출하기, 말만 바꿔도 인생이 달라진다' 라는 강의와 워크숍을 진행하면서 다음과 같은 공식을 얻었다.

'경질설 = (경청+질문+설득)*유머'

'말은 수학'이다. 그 공식만 알면 누구나 쉽게 풀어나갈 수 있다. 수학은 복잡한 것처럼 보이지만 그 구조를 알면 누구나 쉽게 풀어나갈 수 있다. 지금부터 당신의 혀 속에 숨겨진 그 마법의 수를 찾아라. 수학은 공식의 연속이다. 그러니 그 공식만 제대로 대입하면 어떠한 문제도 쉽게 풀어갈 수 있다. 대부분의 대화가 실패하고, 상대를 설득하지 못하는 이유는 이런 하찮은 공식을 무시하기 때문이다. 이것이 경질설의 핵심인 3단계 과정이다.

첫째, 말하기 전에 먼저 들어라.
둘째, 설득하기 전에 먼저 질문하라.
셋째, 상대의 마음이 열린 상태에서 설득하라.

이렇게 간단하지만 이것이 대화의 마법적인 공식이다. 대부분의 사람들은 설득하려고 성급함을 보인다. 그러니 상대는 문을 닫고 자기 방어 논리로 나오는 것이다. 여기서 원하는 협상이나 설득을 하기는 어렵다. 게다가 대화 중 상대방의 관심사에 대하여 적절하면서 예리한 질문기술이 부족하다. "머리 스타일이 멋집니다."와 같이 앞뒤 안 가리고 칭찬하는 것은 오히려 아부로 비칠 수 있고 식상함을 줄 수 있다. 그러나 "그 머리 어느 미용실에서 하셨죠? 저한테도 그 미용실 소개시켜줄 수 있죠?"라고 하면 당신의 머리가 멋져 보인다는 의미로 기분을 살려주면서, 자신이 단골로 가는 미용실에 대해 열변을 토하게 유도할 수 있다. 게다가 듣는 데 익숙하지 않다는 것인데, 이는 습관의 문제다. 치열한 경쟁과 갈등 속에 살다보니 언제부턴가 우리는 차분히 상대방의 말에 귀 기울여주는 배려심을 잃고 산다. 뭔가 목소리가 커야 하고 공격적인 말을 쏟아내야 직성이 풀리고 말을 잘하는 것처럼 보인다. 하지만 이것은 허상일 뿐이다. 이런 사람에게 누가 마음을 열고 속내를 털어놓겠는가?

내가 이 책에서 말하는 '경질설'은 단순한 말의 법칙이 아니다. 나도 처음에는 '말맹'이었고 듣기보다는 말하기에 신경 썼고 질문하는 기술이 부족하여 원하는 것을 제대로 얻지 못했다. 또한 내 강의를 듣는 대부분의 사람들이 갖고 있는 대화부족의 문제를 이런 '경질설'이라는 간단한 공식을 통해서 극복하는 것을 보아왔다. 그래서 어떤 대화에서도 이런 3단계 공식을 대입한다면 당신은 설득력의 대가가 될 수 있을 것이다.

나는 워크숍을 진행할 때마다 수강생들에게 던지는 질문이 하나 있다. 이 대답을 듣고 나면 많은 수강생들이 고개를 끄떡이며 '경질설'을 받아들인다. 그 질문은 바로 이것이다.

"이쑤시개 하나 가지고 코끼리를 죽이는 방법은 몇 가지나 될까?"

좀 엉뚱하고 뚱딴지같은 소리로 들리는가. 하지만 내가 이 책에서 말하고자 하는 소통의 시대에 유능한 리더는 쉽고 재미있게 말하는 유머 설득의 법칙에 답이 있다.

첫째는 한 번 찌르고 죽을 때까지 기다리는 것이다. 언제 죽을지 모르니 기다리는 인내심이 필요하다. 경청도 이와 같다. 인내심을 가지고 들을 수 있는 준비가 필요하다. 대부분 경청에 실패하는 이유는 듣기의 인내가 부족하여 중간에 말을 가로챈다거나 자기의 말을 밀어붙이는 데 있다.

둘째는 죽기 바로 전에 찌르는 것이다. 코끼리가 언제 죽을지를 분석하여 그 타이밍을 잡아야 한다. 질문기술도 이와 같다. 죽기 바로 전에 찔러야 코끼리를 죽일 수 있는 것처럼 질문 또한 타이밍을 잡아야 효과를 볼 수 있다. 질문이란 순간 포착 기술이며 그 시간대를 어떻게 파고들어 가는가에 달려 있다.

셋째는 죽을 때까지 찌르는 것이다. 이쑤시개 하나로 덩치 큰 코끼리를 죽이기에는 부담스런 일이다. 하지만 온 힘을 다하여 죽을 때까지 집중력을 발휘할 수 있다면 언젠가는 죽일 수 있을 것이다. 이것은 설득기술에 해당한다. 원하는 것을 얻기 위해서는 다양한 설득기술이 필요하다. 코끼리의 여기저기를 찔러서 결국 쓰러트리듯 전략적인 설득기술을 터득할 수 있다면 어떤 상대에게서도 원하는 것을 얻을 수 있을 것이다.

넷째는 간지럼을 태워서 웃게 만들어 죽이는 것이다. 작은 이쑤시개 하나로 코끼리의 여러 부위를 건드려서 웃겨버리면 결국 덩치 큰 코끼리도 두 손을 들고 말 것이다. 이것은 대화에서 유머기법을 말하는 것이다. 간지럼 태우는 것은 공감대를 형성하는 것이며 감성을 자극하는 것이다. 세상에 코끼리가 웃다가 죽는다니! 지금 당장 실천해보라. 이는 아무리 경청, 질문, 설득 기술이 뛰어나도 유머가 빠지면 좋은 대화기술이라 할 수 없음을 말해주는 것이다.

여기서 이쑤시개란 무엇인가. 대화 기술을 의미한다. 작은 이쑤시개로 덩치 큰 코끼리를 쓰러트리는 것은 바로 寸鐵殺人촌철살인의 언변술을 말하는 것이다.

이 법칙이 이 책에서 주장하는 '경질설' 이다. 즉 경청하고 질문하며 그리고 설득하라는 것이다. 아마 당신이 협상이나 대화에 실패한 경험이 있다면 무조건 설득하려 들었기 때문이리라. 그것은 수학문제를 받아놓고 사지선다형 답을 미리 들여다보고 찍는 것과 다를 바 없다. 물론 25%는 맞을 가능성이 있다. 하지만 부부관계나 직장생활, 특히 비즈니스 협상에서 당신이 던지는 설득기술이 25%밖에 효과가 없다면 당신은 곧 지구를 떠나든가 아니면 그저 벙어리로 살든가 하나를 선택해야 할 것이다. '말맹' 은 어디가나 대접을 못 받는 세상이다. 하지만 한 가지 방법이 있다. 유머 있게 말하는 법을 배우라는 것이다. 때로는 유머 한 마디가 백 마디 말을 이기는 것을 보았기 때문이다.

정신병자 세 사람이 공사장에 가서 일을 하게 해달라고 빌었다. 그래서 공사장 주인이 하는 수 없이 일을 하게 해주었다. 공사장 주인이 그 정신병자 세 사람이 잘하고 있나 보러 갔는데 한 사람만 땅을 파고 있었다. 공사장 주인이 궁금해 물어봤다.

"왜 한 사람만 파고 두 사람은 서 있는 겁니까?"

그러자 두 사람이 말했다.

"저희는 가로등이에요."

"뭐라고! 당신들은 해고야."

그러자 땅을 파던 한 사람도 가려고 했다. 그러자 공사장 주인이 다가가서 말했다.

"이보게 자네는 해고가 아니네. 열심히 하게."

그러자 그 사람은 이렇게 말했다.

"가로등이 없어 깜깜한데 어떻게 일을 합니까?"

나는 자신 있게 말한다. 성공의 결정요인은 IQ에 달려 있는 것이 아니라, CQ에 달려 있다고 말이다. CQ^{Communication Quotient}가 높아야 SQ^{사회지수}와 RQ^{관계지수}가 높아지고 당연히 성공과 행복의 길로 이어지는 것이다. 중요한 것은 IQ와 CQ는 비례하지 않는다는 것이다. 좋은 말을 하는 것은 좋은 언어 습관의 결과다. 또한 말하는 습관은 당신 자신의 삶의 방식이며 문화다. 아래에 나오는 'CQ-Test'를 통하여 당신의 말습관을 점검해보라. 책을 읽기 전에 반드시 이 테스트를 거쳐야 이 책이 당신에게 의미가 있을 것이다. CQ는 이쑤시개로 코끼리 죽이는 방법인 경청과 질문, 설득, 유머의 네 부분으로 나누어 구성되어 있다. 네 가지 요소가 잘 결합되고 섞여야만 1% 리더 안에 드는 대화 전문가가 될 수 있다.

나의 CQ-TEST

구분	내용	평가	점수
경청지수	· 경청의 중요성을 잘 안다 · 평소 경청하는 습관이 있다 · 상대방을 배려하는 편이다 · 긍정적인 피드백을 주는 편이다 · 대화 중에 선입견을 갖지 않는다	⑤④③②① ⑤④③②① ⑤④③②① ⑤④③②① ⑤④③②①	계:
질문지수	· 질문의 중요성을 잘 안다 · 질문하는 습관을 갖고 있다 · 긍정적인 질문을 하는 편이다 · 질문을 통하여 원하는 것을 얻는다 · 질문이 좋은 대화를 이끈다	⑤④③②① ⑤④③②① ⑤④③②① ⑤④③②① ⑤④③②①	계:
설득지수	· 윈윈 대화를 만들어간다 · 공감하는 분위기를 리드한다 · 상대방 중심의 언어를 사용한다 · 간단하고 핵심적인 말을 한다 · 긍정적인 언어를 사용하는 편이다	⑤④③②① ⑤④③②① ⑤④③②① ⑤④③②① ⑤④③②①	계:
유머지수	· 재미있게 말하기 위해 노력한다 · 유머능력계발을 위해 노력한다 · 감성적인 언어를 구사한다 · 유머로 분위기를 리드해 나간다 · 상대방의 유머에 적극적으로 반응한다	⑤④③②① ⑤④③②① ⑤④③②① ⑤④③②① ⑤④③②①	계:
CQ(커뮤니케이션 지수)	CQ=(LQ+AQ+PQ+HQ)÷4		계:

당신의 CQ지수는 경청지수와 질문지수, 설득지수, 유머지수를 합산하면 된다. 경청지수는 다섯 개 항목을 합산하여 5로 나누면 된다. 이 같은 방식으로 질문지수와 설득지수, 유머지수를 계산할 수 있다. 예를 들어, 경청지수가 4.0, 질문지수가 3.8, 설득지수가 4.2, 유머지수가 4.0이면 이를 모두 더해서 4로 나누어 당신의 CQ지수가

나온다. 즉 16을 4로 나누면 당신의 CQ는 4.0이다. 이를 백분율로 환산하면 80점이 당신의 CQ지수라고 말할 수 있다.

CQ지수가 4.5이상이면 당신은 대단한 달변가에 속한다. 대인관계에 부족함이 없으며 협상가나 세일즈맨, 강사, 교육전문가로 나서면 성공할 가능성이 크다.

CQ지수가 4.0이면 우수한 편이다. 하지만 좀 더 커뮤니케이션 감각을 살려나가기 위한 노력이 요구된다. 전체적으로 볼 때는 말을 잘하는 편에 속한다.

CQ지수가 3.5이상이면 보통 평범한 부류에 속한다. 그러면서 늘 말 때문에 고민하는 유형이며 말하는 테크닉을 계발하기 위해 가장 고민하고 노력하는 집단이다.

CQ지수가 3.0이상이면 설득력이 부족하여 협상이나 대인관계에서 밀리는 스타일이다. 많은 노력이 요구되며, 자기방식의 언어 스타일을 갖는 것이 중요하다.

CQ지수가 3.0이하이면 말습관을 바로잡아야 하며 체계적으로 말하는 법을 익혀나가야 한다. 주변에서 말주변이 없어 따돌림당하기 쉬운 유형이다.

유머처방전
무조건 들이대지 마라

대화에서 이기는 길은 말을 잘하는 데 있지 않다. 서로 공감할 수 있어야 한다. 따라서 공감 분위기를 연출하는 사람이 이기는 대화를 하는 것이다. 펜실베이니아 대학의 제레미 레프킨 교수는 우리가 사는 세상을 일컬어 공감생존의 시대라 말한다. 공감해야 생존한다는 것이다. 그러니 당신이 누구와 어떤 주제로 말하든 이기려고 하기보다는 상호 공감하는 대화법이 필요하다.

    어느 집안에 '아빠는 왕'이라고 아들에게 가르치는 아빠가 있었다. 그들은 심심하면 마주앉아 이렇게 말했다.
    "아빠는?" 하고 아빠가 말하면 아들은 "왕." 이라고 말하곤 했다. 그런데 어느 모임에 아들을 데리고 갔다. 아빠는 친구들 앞에서 아들에게 "왕." 이라는 말을 듣고 싶었다. 그런데 아들이 낯선 사람들 앞에서 얼굴을 붉히며 꽁무니를 빼는 것이었다. 그래서 아빠는 아들의 귀에다 대고 "아빠는 왕, 왕, 왕!" 이라고 말하라고 속삭였다. 그러자 아들은 알았다고 고개를 끄덕였다. 아빠는 친구들 앞에서 아들을 향해 물었다.
    "아들아, 아빠는?"
    그러자 아들은 이렇게 말했다.
    "개!"
    순간 웃음바다가 되었고 아빠는 어찌할 바를 몰랐다. 아빠가 귀에 대고 "아빠는 왕, 왕, 왕!" 이라고 말하자 아들은 당황한 나머지 개짓는 소리로 알고 "아빠는 개!" 라고 말해버린 것이다.
    당신이 누구와 대화하든 강요하지 마라. 자칫하면 개가 될 수 있다.

제 2 장

재미있게 듣는 사람이 매력 있다

사람은 누구나 자신의 말을 들어주는
사람에게 비밀을 털어놓는다.

1
유재석처럼
경청하라

유재석은 귀로 듣고 눈으로 요리하는 특유의 기술을 갖고 있다.

대한민국의 대표적인 경청주자이자, 입이 아니라 귀로 스타 반열에 오른 사람은 다름 아닌 유재석이다. 유재석하면 말 잘하는 사람으로 여기는 사람들이 많다. 하지만 그를 좀 더 깊이 들여다보면 그를 그렇게 잘하도록 만든 기술은 입이 아니라, 귀라는 것을 알 수 있다. 그는 언젠가 한 인터뷰에서 그런 이런 말을 한 적이 있다.

"다른 사람이 말을 많이 하도록 듣고 유도하다 보니 제가 이런 자리에 오른 것 같습니다."

그는 유별나게 잘 나아 보이는 외모가 아니다. 지극히 평범한 이미지다. 그래서 그가 처음 개그계에 데뷔했을 때 이렇다 할 활약 없이, 그저 그런 연예인으로 묻혔었는지 모른다. 하마터면 그의 재주가 영원히 눈에 띄지 않을 수도 있었을 것이다. 그런 그가 대한민국의 대표 MC로 등극하고 사랑을 받는 리더로 거듭나게 된 동기는 무엇일까. 이는 그만이 갖는 카리스마 넘치는 경청하는 기술이다. 그래서 나는 이렇게 자신 있게 그를 말할 수 있다. "귀가 유재석을 살렸다!"라고 말이다.

그런 면에서 그는 경청의 천재다. 그의 경청하는 기술을 분석해보면 크게 세 가지로 요약할 수 있다.

첫째는 귀로 듣고 눈으로 요리하라. 그는 경청할 때 늘 눈웃음을 친다. 귀여운 인상으로 호감이 간다. 하지만 그와 대화하는 사람은 두 귀로 말하고 눈으로 사로잡는 그에게 빨려 들어가고 만다. 그는 사람의 마음을 여는 마법의 기술을 제대로 활용하는, 경청하는 대화의 '타짜'이다. 친근감이 있는 대화는 눈으로 한다. '눈으로 말해요'라는 대중가요도 있지 않은가. 눈웃음은 상대를 내 안으로 끌어오는 전략이다. 일단 상대가 내 진영으로 들어오면 나의 무대에서 전투를 벌이는 것과 같다. 특히 협상 시에 눈을 피한다거나 엉뚱한 곳에 시선을 두면 자신감의 결여로 비쳐질 수 있다. 또한 눈은 첫인상이다. 첫인상은 두 번 줄 수 없다는 말이 있다. 이것이 후광효과다. 첫인상이 좋으면 나머지 말도 좋게 들리기 때문이다. 때로는 백 마디 열변을 토하는 말보다는 따뜻한 눈웃음이 더 효과적이고 친근감을 준다. 유재석은 이처럼 단지 듣는 것으로 끝나는 것이 아니라, 귀로 듣고 눈으로 요리하는 특유의 기술을 갖고 있다. 그것이 그가 단지 잘 듣고 말 잘하는 사람을 넘어, 친근감을 주고 국민들의 사랑을 받는 이유다.

둘째는 사우나 화법으로 말하라. 사우나를 같이 간다는 것은 친근감이 형성되어 있다는 것을 말한다. 그래서 사우나 화법이 중요하다. 사이좋게 우의를 나누며 대화를 즐기라는 것이다. 어느 한 사람이 일방적으로 이기는 대화가 아니라, 공감하고 서로 이길 수 있는 분위기를 만들어가라는 것이다. 마치 사우나탕에서 서로의 모든 것을 드러내고 신뢰하는 것처럼 말이다. 유재석의 경청하는 기술은 이처럼 늘 대화 상대를 따뜻한 사우나탕으로 초대하는 친근감을 보여준다. 그리고 상대의 마음을 열게 한다. 이것이 그를 가까이하고자 하는 국민들의 기대심리를 불러일으키는 요인이다.

셋째는 설득당하고, 설득하라. 유재석은 먼저 설득하는 법이 없다. 하지만 늘 설득당하는 것처럼 보인다. 그러니 그와 대화하는 사람은 긴장을 풀고 마음을 열 수밖에 없다. 그리고 그는 상대가 충분히 말을 많이 하도록 리드한다. 자신이 원하는 목적을 이루었다는 느낌을 갖게 유도하는 것 또한 그만이 갖는 기술이다. 사람은 대화 중에 심리적으로 자신을 방어하려는 본능을 가지고 있다. 이 벽을 허물도록 경청하고 분위기를 만들어주는 것이 역으로 상대를 쉽게 설득하는 길이라는 것을 그를 통해 배울 수 있다.

유재석을 통하여 말하기는 '지식의 영역'이며, 듣는 것은 '지혜의 영역'이라는 진리를 깨닫게 된다. 국민 MC 유재석은 귀로 대한민국을 사로잡았다. 자기를 한없이 낮추고 상대는 한없이 높이는 그의 경청하는 기술은 바쁘게 허둥대며 말하기만을 좋아하는 사람들이 배워야 할 리더십이다. 또한 설득하려 드는 사람보다 유재석처럼 무엇이든 털어놓을 수 있는 두 귀를 가지고 있는 사람에게 사람들은 입을 열고 마음이 편해진다. 그만이 갖는 경청하는 기술은 소리를 듣는 것이 아니라, 마음을 들으려 한다. 그가 국민들의 사랑을 받는 진짜 이유는 듣는 데도 유머가 필요하다는 것을 보여주기 때문이다. 그저 두 귀로 듣는 것이 아니라, 늘 상대에게 재미있는 반응을 보인다는 것이다. 이른바 유머로 주고받으며 경청하는 기법이다. 그러니, 들으면서 상대를 웃게 하는 특유의 기법이다. 그는 대한민국을 소통의 문화로 이끌어가는 경청의 마력을 갖고 있는 리더임에 틀림없다.

2
재미있게 들어라

말을 잘하는 사람은 잘 듣는 사람이다.

 어느 수영장에서 모델처럼 아름다운 아가씨가 수면 위로 얼굴만 내밀며 친구에게 큰 소리로 말했다.

"글쎄 말이야, 내 수영복을 잃어버렸지 뭐야!"

이 말이 떨어지기가 무섭게 휴식을 취하던 십여 명의 남자들이 물속으로 뛰어드는 등 한바탕 소동이 벌어졌다. 그런데 잠시 후 그녀는 친구에게 이렇게 말했다.

"그래서 동생 거 빌려 입고 왔어!"

이처럼 한국말은 끝까지 들어봐야 한다. 이는 경청의 중요성을 일깨워주는 이야기이다. 조금만 참고 기다렸다면 그녀는 팬티를 벗은, 알몸이 아니라는 것을 알 수 있었을 텐데 섣불리 듣다보니 헛물만

삼키게 된 것이다. 그래서 경청에는 인내가 필요하다. 사람의 귀는 세 개로 이어져 있다. 外耳외이, 中耳중이 그리고 內耳내이다. 물속으로 뛰어든 남자들은 모두 외귀로만 들은 사람들이다. 그러니 건성으로 들은 것이나 다름없다. 외이로 듣는 것은 소리만 듣는 것이다. 중이로 듣는 것은 듣는 데 집중하지 못하고 진지하게 듣지 못하는 것이다. 진정한 경청은 내이로 들어야 한다. 상대방이 의도하는 바가 무엇인가를 파악하고, 그 의미를 들어야 제대로 듣는 것이기 때문이다. 일상 대화에서 외이로 소리만을 듣는다면 수영장에 뛰어들어 물만 진탕 먹고 나오는, 환상에 빠진 위의 남자들과 다름이 없을 것이다.

어떤 환자가 수술대에 올랐다. 처음 받는 수술이라 보통 무서운 일이 아니었다. 수술실에 들어온 의사를 붙들고 하소연 하다시피했다.
"선생님, 제가 처음 받는 수술이라 무서워요."
그러자 의사는 아무렇지도 않다는 듯이 이렇게 말했다.
"사실은 저도 수술이 처음이거든요."
이 말을 들은 환자는 위안을 얻기는커녕 오히려 더 불안에 휩싸일 수밖에 없을 것이다. 좀 더 따뜻한 말을 듣고 싶어 의사에게 매달린 건데 자신도 수술이 처음이라 무섭다는 얘기는 환자를 무시하고 두렵게 만드는 일이기 때문이다. 의사에게 중요한 것은 뛰어난 의료기술만이 아니라 환자의 고통에 귀 기울여주는 배려다. 말을 잘하는 사람은 잘 듣는 사람이라는 말이 있다.

말은 부족해도 문제지만 지나쳐도 효과를 발휘하지 못한다. 그러나 말을 많이 하려고 하기보다도 가능한 한 상대방이 말을 많이 할 수 있는 여건을 조성하는 것이 중요하다. 특히, 배상청구를 요구하는 고객 앞에서 이야기를 많이 하려드는 것은 문제를 악화시킬 수도 있다.

"코미디언을 죽이는 방법은 하품 한 번이면 족하다."라는 말이 있다. 그만큼 듣는 자세가 중요함을 일깨워주는 말이 아닐 수 없다.

"어떠한 칭찬의 말에도 넘어가지 않는 사람일지라도 자신의 말에 귀 기울여주는 사람에게는 넘어간다."라고 데일 카네기는 말한다. 데일 카네기의 지적은 우리가 평소 얼마나 자기주장만 먼저 내세우는가를 되돌아보게 한다. 당신은 말을 먼저 하는 타입인가, 아니면 들어주는 타입인가. 문제는 말을 많이 하고 말로 리드해야만 대화의 주도권을 쥐고 있다는 착각에 빠지는 것이다. 이는 성급한 우리 문화를 대변하는 단면이기도 하다. 빨리 말하고, 빨리 어떤 성과를 기대하다 보니, 경청보다는 말하는 데 정신이 팔려 있다. 역으로 생각해보라. 당신이 친근감을 느낀 사람은 당신에게 정신없이 말을 쏟아부은 사람인가, 아니면 당신이 말을 많이 하도록 경청하며 호응을 보낸 사람인가.

부부 관계, 동료 관계, 비즈니스 관계, 그 누구와의 관계이든 그 관계의 질을 높여야 친근감을 나눌 수 있고, 신뢰할 수 있는 문화를 공유할 수 있다. 요즘 관계지수를 얼마나 높여나가느냐의 문제는 얼마나 친근한 대화를 나누는가에 달려 있다. 요즘 우리 가정이나 사회가 안고 있는 가장 큰 문제는 대화의 단절이라고 볼 수 있다. 대화가 끊어지면 서로를 연결해주는 사다리가 망가지는 것이다. 그러다보니 그 누구에게 마음 놓고 건너갈 수 없는, 막다른 골목에 내몰리고 있는 실정이다. 서글픈 일이다. 부부간에 대화 없이 지내는 가정이 날로 늘고 있다는 소식을 접하면 우리 가정이 무너지는, 천둥번개 치는 소리를 듣는 것만 같다. 자녀들과 대화가 끊기고서야 어찌 가정에서 올바른 교육이 이루어질 수 있겠는가. 직장 동료들과의 기계적인 대화만을 통해서 어떻게 행복한 일터를 만들고 창의적인 업무를 볼 수 있겠는가. 진정한 대화는 배려에서 나온다. 상대를 껴안는 자세가 관계의 질을 향상시키는 비결이다.

어떤 새색시가 처음으로 시아버지와 단 둘이서 식사를 하게 되었다. 그런데 며느리가 배가 아프기 시작하더니 방귀가 나올 것만 같아 미칠 지경이었다. 얼마나 급한지 잘못 일어나면 그 순간에 방귀가 뿡 하고 소리치며 나올 것만 같았다. 밥을 먹는 둥 마는 둥 하면서 참았지만 더 참을 수가 없었다. 그래서 이 며느리는 속으로 꾀를 냈다.

'시아버지가 무엇인가를 물어오면 그때 크게 대답하면서 방귀를 끼어야겠구나.'

이때 시아버지가 말을 걸어 왔다.

"요즘 생활하는 데 어려움은 없니?"

며느리는 절호의 찬스라고 생각하고 크게 대답하고 방귀를 끼며 답했다. 그런데 시아버지가 깜짝 놀라면서 한 마디 했다.

"아가, 다시 한 번 말해봐라. 방귀 소리 때문에 못 들었다."

이 상황에서 며느리의 입장은 어떠했을까. 만약 당신이 시아버지라면 이 자리에서 어떻게 말했을까? 시아버지의 며느리에 대한 배려가 없는, 이 같은 대화는 관계지수를 떨어뜨리고, 마음을 터놓고 이야기할 수 있는 여유를 빼앗아가 버린다. 시아버지가 좀 더 경청하는 자세를 갖추었더라면 이런 불상사는 없었을 것이다. 시아버지의 평소 배려 없는 말습관이 며느리와의 어색한 관계를 만들고 만 것이다.

자신의 입장에서만 말하는 사람은 이처럼 자신의 혀가 귀를 막는다는 사실을 명심하라. 듣는다는 것은 소리를 듣는 것이 아니라, 메시지를 듣는 것이어야 한다. 시아버지는 며느리가 전하는 메시지는 듣지 못하고 그 방귀소리만 들은 것이다. 소통의 시대에 유머야말로 그 벽을 허무는 처방전이 아닐 수 없다.

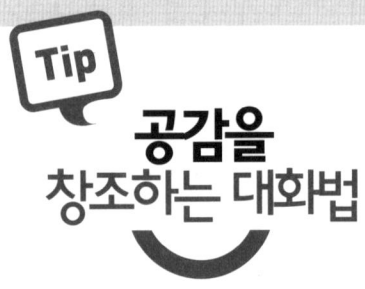

아리스토텔레스는 효과적인 대화법을 위해 세 가지를 제안했다. 이른바 아리스토텔레스의 세 가지 도구가 그것이다. 상황에 따라 이 세 가지 도구를 잘 믹스해 나가야 효율적인 대화를 이끌어갈 수 있다.

　첫째는 로고스(Logos)다. 논리적으로 이성에 호소하라는 것이다. 합리적인 이유를 제시하고 수긍하도록 유도하는 것이다.
　두 번째는 에토스(Ethos)다. 윤리적인 정서, 즉 인격에 호소하라는 것이다. 인간으로서 혹은 상대의 지위나 인품에 맞는 호소력을 통하여 수긍하게 만드는 전략이다.
　세 번째는 파토스(Pathos)다. 이는 이 책에서 내가 주장하는 도구와 같다. 감정을 자극하여 공감을 불러일으키는 것이다. 함께 웃고, 공감을 표시하도록 유도하는 것만으로도 절반은 이긴 대화다.

분쟁의 씨앗인
말의 벽을 넘어라

모든 분쟁의 99%는 커뮤니케이션의 부족에서 비롯된다.

 경청의 습관이 몸에 배지 않은 사람은 건성으로 대화하기 십상이고 한 시간을 앉아 말해도 무엇을 들었는지 기억이 나지 않는 사람들이다.

대개 듣기능력이 부족한 사람들은 이런 성향을 가졌다.
-자기 말하는 데만 신경을 쓴다.
-상대에 대한 배려가 없다.
-말을 많이 해야 잘나 보인다고 착각한다.
-말을 많이 해야 주도권을 잡을 수 있다고 생각한다.
-콤플렉스에 잡혀 있어 이를 극복하려 한다.
-변명해야 할 거리를 많이 갖고 있는 사람이다.

-평소에 일방적인 대인관계를 맺고 있다.
-스트레스에 억눌려 있다.
-수용적이지 못하고 공격적인 경향이 있다.

그러므로 경청의 첫 번째 출발은 내 입장이 아닌, 상대방의 입장을 충분히 고려하여 그 상황에 맞는 언어를 갖는 것이다. 상대의 언어로 듣고 말하는 것, 이것이 '말맹' 탈출의 비밀이다.

마더 테레사 수녀에게 어느 날 기자가 물었다.
"수녀님은 매일 기도를 오래하신다고 들었는데 기도할 때 주로 어떤 말을 하세요?"
그러자 테레사 수녀는 이렇게 말했다.
"전 그저 듣기만 해요."
기자는 다시 궁금해서 물었다.
"그럼 하느님은 무어라 말합니까?"
그러자 수녀는 이렇게 말했다
"그분도 듣기만 해요."
테레사 수녀의 이 말을 통해서 듣기가 얼마나 신비스러운 능력인가를 엿보게 한다.
"나는 하느님의 말씀을 듣고, 하느님은 나의 말을 듣는다."
이것이 수녀가 들려주는 경청의 힘이다.
"모든 분쟁의 99%는 커뮤니케이션의 부족에서 비롯된다."라고 러

셀 웹스터는 말한 바 있다. 러셀 웹스터의 말은 참으로 옳은 지적이다. 이것이 우리들의 일상생활이다. 나는 기업체 강의를 할 때마다 이런 얘기를 빼놓지 않는다.

"당신이 이 회사에 입사했다는 것은 어떤 업무가 주어져도 해결할 능력이 있기 때문입니다. 그런데 능력발휘를 잘하고 못 하고의 차이는 당신 재능에 달려 있는 것이 아니라, 동료들과의 커뮤니케이션에 달려 있습니다. 모든 갈등의 원인은 학력이나 업무처리 능력에 있는 것이 아니라, 커뮤니케이션에 달려 있습니다. 그러니 늘 말을 가다듬고 말을 통해 리더십을 발휘할 수 있도록 힘써야 합니다. 의사소통이 무너지면 만사가 불통이 됩니다."

역으로 생각해보면 모든 분쟁의 해결책 역시 커뮤니케이션으로 해결할 수 있다. 나의 부부싸움 일화를 소개해본다. 이 또한 사소한 말이 씨가 되어 싸움으로 이어진 경우다.

어느 날 소파에 누워 있던 나는 아내에게 이렇게 말했다.
"여보, 신문 좀 갖다 줘."
그러자 아내는 퉁명스럽게 말했다.
"당신은 손이 없어. 발이 없어. 왜 매일 나보고 신문을 갖다달라는 거야?"
순간 나는 격한 말을 쏟아냈다.
"무슨 말을 그 따위로 해!"
여기에 아내는 질세라 더 큰 소리로 대들었다.

"그 따위라뇨. 당신이야말로 무슨 말을 그 따위로 하는 거야!"

우리 부부는 한참 동안 서로에게 말을 잘못한 책임이 있다며 떠들어댔다. 서로에게 말버릇이 좋지 못한 것이다. 알고 보면 말버릇에 분쟁의 씨가 있었던 것이 아니라, 상대에 대한 배려 부족이 분쟁의 씨앗이었다.

퇴근하고, 밥하고, 빨래 개며 잠시 엉덩이를 붙인 아내에게 신문배달이나 시키려했으니 뿔이 나지 않을 사람이 어디 있겠는가.

"진정한 커뮤니케이션이란, 말하는 것이 아니라, 듣기."라고 잭 웰치는 역설하지 않았던가?

여기 가까운 친구의 이야기가 있다. 그는 어느 날 퇴근하다 길거리에서 '竹馬故友^{죽마고우}'를 만났다. 얼마나 반가운지 둘은 술집으로 향했다. 이런저런 이야기를 하면서 술을 마시다보니 어느덧 새벽이 되었다. 밖으로 나와보니 하늘에는 쟁반 같은 보름달이 떠 있었다. 이걸 바라보며 한 친구가 감탄을 했다.

"참으로 오늘밤은 보름달이 아름답구나!"

그러자 옆에 있던 친구가 이렇게 말했다.

"이 녀석아, 저게 무슨 보름달이야? 태양이지."

두 친구는 서로가 옳다며 달이다, 태양이다 하며 자신의 입장에서 싸우면서 소리 질렀다. 마침 그때 어느 신사가 그들 곁을 지나가고 있었다. 그래서 한 친구가 제안을 했다.

"그럼, 저분에게 물어보자. 저게 태양인가?, 보름달인가?"

두 친구는 그렇게 하자고 합의하고 그 신사에게 물었다.

"아저씨, 저기 하늘에 떠 있는 게 태양인가요?, 보름달인가요?"

그러자 그 신사는 이렇게 말했다.

"글쎄요, 난 이 동네에 살지 않아서 잘 모르겠는데요."

이 세 사람 모두에게 문제가 있다. 상대방의 말을 경청하려는 자세가 없었기에 서로의 주장만 늘어놓은 것이다. 게다가 이 동네에 살지 않는 것과 그것이 태양이나 보름달인 것과는 아무 연관도 없다. 위에서 말한 테레사 수녀가 경청하는 것과 같은 신비를 깨닫기 위해서는 우선 상대방의 입장을 배려하고 잘 귀담아듣는 훈련이 필요하다.

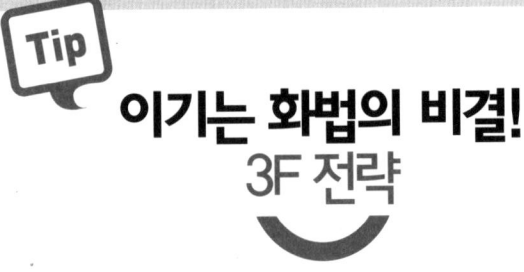

감성시대를 대변하는 '3F'가 있다. 이 '3F'를 잘 관리하면 이기는 화법을 구사할 수 있다.

첫 번째는 'Fun(재미)'이다. 재미가 키워드인 시대다. 말을 잘하는 것보다 더 중요한 것은 재미있게 하는 것이다. 이것이 감성시대를 리드하는 기술이다.

두 번째는 'Fantasy(상상)'이다. 상상과 환상을 넘나드는 영화나 소설, 드라마가 뜨는 이유는 무엇인가. 잠시라도 돈에 지치고 사람의 관계 갈등에 멍이 드는, 각박한 현실에서 벗어나고픈 심정이 도사리고 있기 때문이다. 말도 마찬가지다. 상상력을 필요로 하는, 유머가 가미되면 더욱 감칠맛이 난다.

세 번째는 'Feeling(기분)'이다. 가슴에 와 닿지 않으면 반응도 없다. 머리로 판단하고 "와!" 하고 외치면 너무 늦다. 순간에 꽂혀야 한다. 그래서 유머 한 마디는 백 마디 말을 이기는 마력이 있다. 그리고 결정적인 순간에 촌철살인 같은 유머가 무기다.

4
황희 정승에게 배워라

군자는 말이 서툰 사람의 말도 귀담아듣는다.

 어느 날 한 종이 황희를 찾아와 자기와 싸운 종을 고자질했다. 상대를 나무라는 종의 얘기를 듣고 난 황희는 고개를 끄덕이며 말했다.

"네 말이 맞다."

이 종이 기분 좋게 돌아간 뒤 다른 종이 황희를 찾아와 그 종을 비난하며 못된 점을 모두 일러 바쳤다. 이번에도 황희는 아무 말 없이 그의 말을 듣고 나서 한 마디 했다.

"네 말도 맞다."

이를 지켜보던 아들이 황희에게 다가와 따지듯이 말했다.

"아버지는 어찌하여 두 종들의 말이 맞다고 고개만 끄덕이십니까? 뭔가 잘못된 거 아닙니까?"

아들의 얘기를 묵묵히 듣고 있던 황희는 이렇게 말했다.

"네 말도 역시 맞다."

두 종의 이야기를 다 듣고 맞는다고 하는 순간 주인에게 고자질하며 울분을 토하던 종들은 주인이 자신의 말을 신중하게 듣고 "네 말이 맞다."라며 인정하는 순간 승자의 쾌감을 맛보았다. 종들은 자신의 불평을 들어주며 경청하는 주인의 태도에 그만 승리자가 된 듯한 기분을 느꼈을 것이다. 게다가 주책없이 이 종, 저 종의 말을 듣고 모두에게 옳다고 말하는 것은 잘못된 것이 아니냐며 불만을 토로하는 아들의 얘기를 듣고 "네 말도 맞다."라며 경청의 자세를 보여준 황희야말로 경청의 신비가 무엇인지를 알게 해준다.

황희의 경청하는 자세는 그가 얼마나 지혜로운 대화의 달인인가를 엿보게 한다. "왜 그 종이 잘못했느냐?, 그리고 무엇이 네가 옳으냐?"라며 되물었다면 오히려 대화가 단절되고 두 종 모두에게 패배감을 안겨주었을 것이다. 게다가 "아들아, 네가 상관할 일이 아니니 나서지 말라."라고 말했다면 아들의 자존심은 상처받고 아버지와의 대화에 벽이 생겼을 것이 분명하다. "말하는 자보다 듣는 자가 한 수 위."라는 말이 실감난다.

또한 이런 일이 있었다. 황희가 어느 시골길을 가는데 한 농부가 두 마리의 소를 부리며 밭을 갈고 있었다. 한 마리는 누렁이고 또 한 마리는 검은 소였다. 한참 동안 두 마리가 밭을 가는 모습을 지켜보던 황희는 그 농부에게 물었다.

"두 마리 소 중에서 어떤 소가 더 일을 잘하죠?"

그러나 농부는 아무 말 없이 밭을 갈뿐이었다. 황희는 그 농부가 자신의 말을 알아듣지 못했다고 생각하여 더 큰 소리로 말했다.

"누렁이와 검은 소 중에서 어느 놈이 일을 더 잘하느냐고 물었소이다!"

이번에도 농부는 아무 말 없이 밭을 갈뿐 응답이 없었다. 화가 머리까지 치밀어 오른 황희는 별 이상한 농부가 다 있다면서 길을 떠났다. 그런데 한참을 가다보니 그 농부가 달려오는 게 아닌가.

"선비님, 아까는 대답을 못했습니다. 용서하세요."

황희는 의아한 눈으로 바라보며 되물었다.

"난 당신이 귀머거리인 줄 알았소. 그런데 왜 아까는 내 물음에 답을 안 한 거요?"

그러자 농부는 이렇게 말했다.

"두 소가 열심히 일하고 있는데 어느 한 소가 일을 더 잘한다고 말하면 나머지 소는 그 말을 듣고 얼마나 의기소침하겠습니까. 그래서 소가 들을까 봐 말을 못한 것입니다."

황희는 이 말을 듣고 그 농부의 지혜에 감탄해 영의정이 되었을 때 늘 상대방의 말을 경청하며 정사를 펼쳤다고 한다.

공자는 일찍이 "군자는 말을 잘하는 사람의 말에만 귀를 기울이지 않고, 말이 서툰 사람의 말도 귀담아듣는다."라고 말한 바 있다. 공자의 이와 같은 말을 통하여 황희와 대화를 나누었던 농부의 지혜에 감탄하지 않을 수 없다. 경청의 기본은 상대를 배려할 줄 아는 마음에서 나온다. 우리 사회가 혼탁해지고 모든 정책이나 의사결정이 일방적으로 흐르는 것은 약자에 대한 배려, 경청하려는 자세가 부족하기 때문이다. 당신의 말에 귀 기울여주는 사람이 없다면 얼마나 외로울까. 당신이 마음 터놓고 얘기할 수 있는 상대가 없다는 것은 또한 얼마나 외로운가. 배우자가 자신의 말을 제대로 들어주지 않는 상황에서는 가정이 파탄에 이를 수 있다. 자녀의 얘기를 경청하지 않는다면 아이는 늘 혼자일 것이며, 성장기에 큰 시련을 겪어야만 할 것이다.

언젠가 둘째 딸아이를 혼내다가 놀라운 말을 들었다.
"아빠가 내 인생을 알아!"
겨우 초등학교 5학년짜리 입에서 이런 충격적인 얘기가 나오리라고는 생각지도 못했다. 이 말 속에는 아빠하고는 대화가 되지 않는다는 의미가 들어 있다. 그동안 내가 얼마나 아이에게 일방적인 말을 건네고 강요해왔는가를 뼈저리게 깨달을 수 있었다. 이때부터 부모가 말을 많이 하는 것이 대화를 잘하는 것이 아니라, 아이들의 고민거리부터 학교생활, 자기들만의 얘깃거리를 귀담아듣는 게 좋다는 것을 알게 되었다. 놀라운 것은 이런 내 태도의 변화만으로도 대화의 질이 높아지고 아이의 태도가 긍정적으로 변해갔다는 사실이다. 그저 들어주는 것만으로도 설득할 수 있다는 진리를 깨닫게 되었다. 우리는 지식이 부족한 시대에 살고 있는 것이 아니다. 자신의 말을 제대로 경청해줄 수 있는 사람을 그리워하며 사는 시대다. 당신이 먼저 귀를 열어라. 그것만으로도 당신이 그를 설득하고 당신의 편으로 만드는 것이다. 당신은 얼마나 경청의 가치를 알고 있는가. 배우자에게, 동료나 상사 혹은 부하에게, 거래처 손님에게 귀를 맡겨보라. 그러면 입을 벌려 말을 했을 때보다도 더 많은 것을 얻게 될 것이다.

"말을 배우는 데는 2년, 경청하는 데는 60년이 걸린다."라고 공자는 듣기의 어려움을 호소한 바 있다. 그러므로 말하기 훈련보다 경청하는 훈련이 먼저라는 생각이 든다. 잘 듣는 사람은 말도 잘한다. 늘 상대방 중심의 분위기를 만들고, 상대에 맞는 언어를 택할 수 있기 때문이다. 외국어를 배울 때도 말하기보다는 듣기를 강조하는 이유도 여기에 있다. 반대로 듣지 못하는 사람은 말도 제대로 못한다는 사실을 명심하라.

내 제자가 방학 중에 아르바이트를 하면서 겪은 이야기다. 이 여학생은 동네 유명 아이스크림 가게에서 일을 했다. 어느 날 조폭처럼 무섭게 생긴 건장한 청년 고객이 왔다. 그녀는 무섭게 생긴 청년에게 떨면서 정중하게 말했다.
"어서 오세요, 고객님! 어떤 아이스크림 드릴까요?"
그러자 청년은 거친 목소리로 말했다.
"딸기로 주세요!"

"네, 여기 있습니다, 고객님."

그러자 청년은 언짢은 듯 이렇게 말했다.

"더 퍼주세요!"

순간 무서운 느낌을 받은 제자는 당황하며 미소를 잃지 않고 조금 더 퍼주면서 말했다.

"여기 있습니다, 고객님."

그러자 청년 고객은 화를 내면서 말했다.

"더 퍼 달라니까요!"

제자는 무서움에 떨며 더 퍼주면서 떨리는 목소리로 말했다.

"네, 아주 많이 더 펐습니다. 고객님 이제는······."

그러자 청년은 더 큰 소리로 화를 내며 말했다.

"이봐, 아가씨, 내 말 못 알아들어! 뚜껑 덮어달라니까!"

'聽들을청' 자를 보면 신비스러운 의미를 갖고 있다. 우선 '耳귀이'에 '王임금왕' 자로 만들어져 있음을 볼 수 있다. 이는 임금의 귀로 듣는다는 것을 말한다. 또한 '열개十'의 '눈目'과 '하나一'의 '마음心'으로 듣는다는 것을 말한다. 여기서 열 개의 눈은 상대방에게 시선을 돌려 말하는 사람의 일거수일투족을 보라는 것이며, 하나의 마음은 건성으로 듣지 말고, 마음을 다하여 들으라는 것이다. 그러므로 듣는 자는 임금의 귀를 달고 있다는 것을 말한다. 당신은 임금의 귀를 달고 있는가, 아니면 하인의 귀를 달고 있는가. 남의 말을 듣지 않고 자신의 말만 되풀이하면 이것이 곧 하인의 귀가 될 것이다.

강아지를 훔친 도둑이 경찰서에 끌려와 말했다.

"저는 고삐를 하나 훔쳤을 뿐입니다. 고삐를 들고 오니까 강아지가 따라왔을 뿐이에요. 전 정말 강아지를 훔칠 생각은 없었어요."

그러자 한심하다는 듯이 경찰관이 웃으며 말했다.

"우리도 자네 손만 잡아왔을 뿐이네. 손만 오지 자네는 왜 강아지처럼 따라왔나."

그러면서 경찰관은 여유 있게 이렇게 말했다.

"우리는 자네를 감방에 넣지 않겠네. 자네 손만 잡아넣을 걸세."

그러자 강아지 도둑은 만면에 미소를 지으며 이렇게 말했다.

"거참 잘 되었습니다. 감사합니다."

그리고 강아지 도둑은 의수로 된 팔을 경찰서에 빼놓고 유유히 사라졌다.

제대로 들어야 할 경찰관의 실수가 범인을 놓치고 말았다. 이것이 경청의 어려움이다. 단지 입에서 흘러나오는 소리만 듣지 말고 의중을 파악하여 들어야 이기는 대화를 할 수 있다.

경청은 소리를 듣는 게 아니라, 사람의 마음을 읽는 것이다. 그리고 좋은 마음을 갖고 있는 사람은 역시 좋은 말을 하게 되어 있다. 좋은 것을 들으려 노력하는 자세, 이것이 듣는 자의 태도다.

유머감각 10배 키우는 기술

유머 있는 사람과 자주 어울린다.

유머감각은 전염성이 강하다. 그러니 유머감각이 뛰어난 사람과 자주 대화하다 보면 저절로 재치와 감각이 내 안에 스며든다.

아는 유머는 자주 사용한다.

유머 고수되기 1단계는 아는 유머를 머릿속에 넣지만 말고 자주 사용해야 한다는 것이다. 그래야 언제, 어디서든지 재치 있게 유머의 존재감을 드러낼 수 있다.

자기만의 유머 노트를 만든다.

재미있는 유머는 반드시 메모하는 습관을 갖는다. 유머가 많이 쌓이면 주제별로 분류하여 자기만 아는 노트를 만든다. 이렇게 하면 어느 상황에 가든 적합한 유머를 가지고 갈 수 있다.

하루에 한 번 이상 유머 사이트에 접속한다.

인터넷 상에는 천차만별의 다양한 유머들이 당신을 기다리고 있다. 하루에 한 번 이상, 유머 사이트에 접속하면 스트레스도 날릴 수 있고, 최근의 유머를 접할 수 있는 이점이 있다. 습관적으로 유머를 접하다보면 어느 날 자연스럽게 유머를 구사할 수 있게 된다.

5
칭기즈칸에게 배워라

21세기는 경청하는 사람들의 시대가 될 것이다.

지난 천 년간 인류역사에 가장 큰 영향을 미친 인물은 누구일까? 타임지는 놀랍게도 칭기즈칸을 뽑았다. 칭기즈칸을 지난 천 년간 가장 큰 영향을 미친 인물로 선정한 배경은 무엇일까. 우리는 그를 정복자 정도로 배웠고, '위대한 리더'로 인식하는 교육을 받지 못했기에 약간 의구심을 갖지 않을 수 없다. 우선 그가 누구인가를 자신을 표현하는 시를 통해서 알아볼 필요가 있다.

'집안이 나쁘다고 탓하지 말라.
나는 아홉 살 때 아버지를 잃고 마을에서 쫓겨났다.
가난하다고 말하지 말라.
나는 들쥐를 잡아먹으며 연명했고,

목숨을 건 전쟁이 내 직업이고 내 일이었다.
작은 나라에서 태어났다고 말하지 말라.
그림자 말고는 친구도 없고 병사로만 10만,
백성은 어린아이, 노인까지 합쳐 2백만 명도 되지 않았다.
배운 게 없다고, 힘이 없다고 탓하지 말라.
나는 내 이름도 쓸 줄 몰랐으나 남의 말에 귀 기울이면서
현명해지는 법을 배웠다.
너무 막막하다고, 그래서 포기해야겠다고 말하지 말라.
나는 목에 칼을 맞고도 탈출했으며,
뺨에 화살을 맞고 죽었다 살아나기도 했다.
적은 밖에 있는 것이 아니라 내 안에 있었다.
나는 내게 거추장스러운 것을 깡그리 쓸어버렸다.
나를 극복하는 그 순간 나는 칭기즈칸이 되었다.'

여기서 주목할 말은 "나는 내 이름도 쓸 줄 몰랐으나 남의 말에 귀 기울이면서 현명해지는 법을 배웠다."는 고백이다. 사실 칭기즈칸은 문맹자였다. 하지만 그의 귀는 늘 열려 있었다. 심지어 포로의 말에도 끝까지 귀를 기울일 만큼 경청의 힘을 믿었던 인물이다. 그를 칭기즈칸의 자리에 올려놓은 것은 경청하는 힘이었음을 알 수 있다.

자신이 고백한 대로 그의 귀가 그를 살렸다. '이청득심耳聽得心'이라는 말이 칭기즈칸에게 제대로 어울리는 말이다. 귀로 들음으로써 마음을 얻는다는 말이다. 나는 칭기즈칸의 리더십을 공부하면서 이런

생각을 한 적이 있다. 만약 그가 경청하는 기술을 발휘하지 못했다면 10만 명밖에 안 되는 소수 민족으로서 그 넓은 영토에 1억 8천만 명이나 되는 사람들을 150년간이나 통치가 가능했을까. 경청의 놀라운 신비를 그를 통하여 다시금 새삼스럽게 느낄 수 있었다.

당신이 누구이든 칭기즈칸이 보여준 이청득심耳聽得心의 자세를 배워보라. 듣는 것만으로도 상대의 마음을 얻고 지혜를 터득할 수 있을 것이다. 역사적으로 보면 위대한 리더들은 말을 잘하는 사람이라기보다 부하나 주변 사람들의 말을 잘 경청하는 유형의 리더가 많았다. 듣는 것이야말로 상대를 내 편으로 끌어들이는 전략이라 할 수 있다. 부부지간에 서로 경청하는 배려를 먼저 하면서 말한다면 이는 곧 사랑의 표현이 될 것이다. 자녀의 말을 귀담아 잘 듣는다면 자녀 교육의 핵심이 될 것이다. 부하직원의 말을 잘 귀담아듣는다면 이것이 리더십을 발휘하는 능력이 될 것이다. 또한 자신의 내면에서 우러나오는 소리에 귀 기울인다면 성공과 행복을 보장받을 것이다.

"20세기는 말하는 자의 시대였다면 21세기는 경청하는 사람들의 시대가 될 것이다."라고 톰 피터스 교수는 역설한다. 톰 피터스 교수의 지적에 전적으로 동감한다. 당신은 누구에게 친밀감을 느끼고 누구를 신뢰하는가. 당신에게 말을 많이 하는 사람이 아니라 당신의 말을 잘 들어주는 사람이 아니겠는가. 그래서 과거와는 달리 21세기 리더의 자질은 얼마나 말을 유창하게 하느냐보다는 얼마나 부하나 주변 사람들에게 자신의 귀를 열어놓고 있느냐에 달려 있다고 해도 지나침이 없다. 특히 당신이 갈등관계를 해결해야 할 위치에 있는 사람이라면 이 말을 명심하라. 게다가 의사결정권자로서 중대한 사안을 결정해야 할 자리에 있다면 말하기보다는 듣기에 주력하라. 혹은 상대방과 분쟁이나 불편한 관계에 있는 상황이라면 당연히 입보다는 귀를 열어야 할 것이다.

삼성그룹 이병철 선대 회장이 아들 이건희 회장에게 자리를 물려주면서 '경청'이라는 휘호를 남겼다는 말은 듣기가 리더에게 얼마나 중요한 덕목인가를 엿보게 한다. 자신만을 믿지 말고 늘 주변 사람들에게 귀를 열어보라는 유언이나 다름없다.

당신은 독불장군형인가. 그래서 남의 말은 한 귀로 듣고, 한 귀로 흘려버리는 '마이동풍馬耳東風' 형인가. 그렇다면 당신이 가는 길은 늘 암초가 기다리고 있을 것이며, 좋은 얘기를 듣기는 틀렸다. 주변에는 늘 듣기 좋아하는 말만 하는 '예스맨'만 모일 것이고, 당신에게 제대로 된 정보나 의사결정에 영향을 줄 수 있는 말을 건네는 사람은 없을 것이기 때문이다.

'귀가 보배.'라는 말이 있다. 이는 우리나라의 속담으로 '배운 것은 많지 않으나 남의 말을 잘 귀담아들어 아는 것이 많고 지혜로워질 수 있다.'는 말이다. 그러니 승자의 말을 하고 싶거든 우선 귀부터 열어라. 귀를 열면 세상이 열릴 것이다. 하지만 우리는 입부터 열어야 한다는 조급증을 버리지 못한다. 늘 귀가 입을 앞서게 하라.

어느 초등학교 선생님이 시골 산골 마을로 부임했다. 그는 국어 시간에 글짓기를 가르치면서 아이들에게 물었다.

"혹시 백일장 나가본 어린이 손들어보세요?"

그런데 아무도 손을 드는 사람이 없었다. 선생님은 실망하여 다시 물었다.

"그럼 아무도 백일장을 나가본 사람이 없다는 거니?"

그러자 뒤에 앉아 있던 한 아이가 손을 들며 말했다.

"선생님, 전 오일장밖에 안 나가봤는데요."

선생님은 장난친다고 생각했지만 아이는 농담을 한 것이 아니라, 그 선생님의 경청의 태도에 문제가 있음을 볼 수 있다. 시골 산골에서 백일장이 무엇인지 모르는 아이가 5일장을 말 할 수밖에 없는 아이들의 환경을 제대로 이해하지 못한 실수다.

이처럼 경청의 기술은 자기 중심적인 귀를 열어놓는 것이 아니다. 상대의 분위기와 그의 환경, 그리고 문화를 이해하는 것이 제대로 된 경청의 길이다.

할아버지 한 분이 외국여행을 하게 되었다. 옷을 깨끗이 입고 환전을 하기 위해 은행에 갔다.

"나 외국에 갈 것인데 돈 좀 바꿔주세요."

여직원은 할아버지를 보면서 미소 지으며 이렇게 말했다.

"할아버지, 엔화드릴까요, 달러드릴까요?"

이 말을 "애 낳아드릴까요?, 딸 낳아드릴까요?"라고 잘못 들은 할

아버지는 너털웃음을 지으며 이렇게 말했다.

"기왕이면 아들 낳아줘요."

"엔화로 드릴까요, 달러로 드릴까요?"를 왜곡하여 받아들인 할아버지는 자기기준에서 판단하여 "기왕이면 아들을 낳아주오."라고 말했다. 이것이 경청하는 데의 어려움이다. 훌륭한 경청은 나의 기준으로 듣지 않고 상대의 입장에서 들을 수 있어야 한다. 상대가 누구인지, 어떤 목적으로 대화가 이루어지는지, 혹은 당신이 그 대화에서 얻고자 하는 것이 무엇인지를 상세히 분석할 필요가 있다. 그래야 상대를 높이면서 부드러운 대화를 리드해 나갈 수 있다. 제대로 들어야 반응할 수 있고 상대를 내 편으로 끌어들일 수 있다. 잘 들어야 거리감을 좁힐 수 있고 상대의 입장에 맞는 말을 준비할 수 있다.

6
경청의 심리기술을 이용하라

능동적인 경청자는 적극적인 의자를 가지고 정보를 알고자 하는 유형이다.

 능동적인 경청

아파트 엘리베이터 안에 한 남자가 타고 올라가려는데 밖에서 한 아이가 열림 버튼을 계속 누르고 아직 오지 않은 엄마를 향해 소리쳤다.

"엄마! 빨리 와! 엘리베이터 닫힌단 말이야!"

잠시 후 아이의 엄마가 헐레벌떡 뛰어왔고 뒤이어 문이 닫히자 엄마가 아이를 나무라기 시작했다.

"엄마가 그렇게 하지 말랬지?"

같이 탄 남자는 아이의 버릇없음을 혼내는 줄 알고 "애들 다 그래요. 너무 나무라지 마세요."라며 끼어들었다.

그런데 아이 엄마는 남자의 말은 들은 척도 하지 않으며 이렇게 소리쳤다.

"엘리베이터가 뭐야! 자, 따라해 봐! 엘리베이러~."

얼마나 황당한 일인가. 이 남자는 아이를 혼내는 줄로만 알고 위로를 했는데 알고 보니 안하무인 아닌가. 아마 아이 엄마의 다그치는 소리를 제대로 경청했더라면 이런 황당한 일을 체험하지는 않았을 것이다. 이것이 속마음을 경청하는 능동적인 경청이다. 이 남자는 소리만 들었지 속마음을 경청할 줄 몰랐다. 이처럼 능동적인 경청자는 적극적인 의지를 가지고 정보를 알고자 하는 유형이며, 온갖 신경을 청각 세포에 집중하는 유형을 말한다. 눈과 귀가 모두 상대를 향해 열려 있으며, 필요한 것은 메모하며, 들은 것은 반드시 기억하고자 하는 열정이 있다.

당신이 만약 능동적 경청자라면 상대는 당신에게 더 유익한 정보를 주기 위해 이야기 보따리를 저절로 풀어놓을 것이다. 그리고 그는 적극적인 당신의 태도에 반하여, 신뢰를 구축하고 미래관계를 돈독히 할 수 있는 가능성이 있는 상대로, 당신을 받아들일 것이다. 부부관계나 직장에서 상사와 부하직원이 이런 능동적으로 경청하는 커뮤니케이션을 한다면 그들의 파트너십은 더욱 확고해질 것이다.

3년 후배가 어느 날 내게 털어놓은 이야기다. 6개월간의 시장조사를 끝내고 보고서를 작성하여 이사에게 브리핑을 하게 되었다. 그런데 그는 시간에 쫓겨 대충 마무리 지은 보고서라 어느 대목에서는 말로 때울 수밖에 없는 상황이었다. 하지만 그는 브리핑하는 내내 이사에 대한 존경과 인품을 다시 깨닫지 않을 수 없었다고 한다. 부족한 자신의 말을 진지하게, 때로는 메모하며, 자신의 입장을 대변해주며, 들어주는, 이사의 경청 태도에 그만 반해버린 것이다. 그는 브리핑을 마치며 이사에게 이렇게 고백하지 않을 수 없었다.

"이사님, 사실은 시간에 쫓기다보니 회사에서 원하는 결과물을 찾지 못했습니다. 그런데 이렇게 제 입장을 이해하시고 경청해주시니 너무나 감사합니다."

그러자 이사는 그의 등을 두드려주며 이렇게 말했다.

"자네는 최선을 다했네. 결과는 그리 중요한 게 아니야. 사실 6개월 만에 그런 보고서를 완벽하게 만든다는 것 자체가 무리였네. 자네의 과정을 높이 평가하고 싶네. 자네의 보고서가 회사에서 원하는 성과물에 100% 미치지 못했더라도 이런 보고서가 나왔다는 것만으로도 큰 의미가 있네. 정말 수고했네."

그 뒤로 후배는 이사를 사내의 멘토로 존중하며 신뢰하게 되었다. 만약 그 이사의 입에서 "6개월이나 시간을 주었는데 이게 뭔가? 밥값은 해야 할 거 아닌가?"라는 말이 나왔다면 그 후배는 어쩌면 의기소침하여 열정을 잃어버렸을 수도 있다. 하지만 그의 두 눈과 귀, 그리고 마음을 열고 후배의 말을 경청해준 능동적인 태도는 상사와 부하의 관계지수를 높이고 미래지향적인 파트너십을 구축하는 좋은 기회가 되었다.

능동적인 경청의 유형

- "아, 그랬군. 계속 말해 보게."
- "좋은 얘기군. 그래서 어떻게 되었나?"
- "대단하군. 좋은 정보야!"
- "더 구체적으로 말해줄 수 있겠나?"
- "훌륭하군. 어떻게 그런 정보를 알았나?"
- "내겐 참으로 유익한 얘기네."

수동적인 경청

언젠가 아내와 나눈 이야기다.

"여보, 다음 달 친정아버지 생신을 어떻게 하면 좋을까요?"

"뭘 어떻게 하면 좋아요?"

"뭘 어떻게? 그래도 계획을 세워야 하지 않겠어요?"

"당신 맘대로 해요."

"작년엔 강화에서 가족 모임 겸 생신 잔치를 하려 했는데 당신이 세미나를 가는 바람에 그냥 집에서 했잖아요. 이번에는 좀 제대로 해드리면 안 될까요?"

"그게 왜 나 때문이야?"

"당신은 무슨 말을 그렇게 해요. 그러니 상의하는 거 아니에요?"

"그러니 당신 맘대로 하라고 하잖아요."

"제 말 좀 진지하게 듣고 얘기해봐요."

"걱정 마. 듣고 있으니 계속하라구요."

결국 결론은 심각한 다툼으로 끝나고 말았다. 그저 형식적으로 "말해봐. 난 듣고 있으니……." 이런 유형의 듣기 자세는 우리 주변에 비일비재하다. 이는 그동안 쌓아온 신뢰감마저 무너뜨리고 관계를 악화시킬 수 있음을 명심하라. 당신이 리더라면 훌륭한 부하를 맞아들이는 일이 중요한 것은 아니다. 그 부하를 훌륭한 인재로 키워나가는 일이 우선이다. 만약 당신이 수동적인 경청의 자세로 부하를 대한다면 그는 늘 맥이 빠지고 당신을 피하려 들 것이다. 그런 당신의 사무실은 토론도, 소통도, 비전도 없이 보이지 않는 벽으로 서로를 막고 말 것이다.

인사를 잘하지 않는 시무룩한 직원에게 상사가 주의를 주었다.
"여보게, 상사와 마주치면 인사 좀 하게."
그러자 그는 굳은 얼굴로 이렇게 말했다.
"저는 마음에 없는 인사는 하지 않습니다."
그러자 상사가 말했다.
"인사하라는 게 아니야. 자네 얼굴은 어두운 느낌을 주니까 얼굴을 마주치지 않도록 머리를 숙이라는 걸세."

이처럼 수동적인 경청은 사실을 왜곡하여 자기 중심의 언어로 듣게 된다. 상사는 평소에 달갑지 않게 보던 직원에게 보기 싫으니 얼굴을 숙이라는 의미였는데 직원은 인사하라는 소리로 착각한 것이다. 이런 직원처럼 수동적인 경청은 자기방식대로 듣고, 제멋대로 해석하여 왜곡하는 경우가 허다하다. 이런 경청은 원만한 윈-윈 구조를 가질 수 없는 단점이 있다.

수동적인 경청의 유형

-"알고 있네."

-"듣고 있으니 말해봐."

-"그래서?"

-"지난번에도 한 얘기 아닌가?"

-"이미 알고 있네."

-"특별한 게 없군."

감정이입형 경청

당신이 말할 때 상대가 당신의 감정과 기분에 맞장구쳐주며 "옳거니!", "그렇지!", "아, 그랬구나!", "어쩜 좋아!"라며 신 나게 경청해 준다면 기분이 어떨까. 아마 당신은 머릿속에 든 비밀은 무엇이든지 다 털어놓고 말 것이다. 게다가 그런 상대와 대화를 하고 나면 왠지 행복감을 느끼고 동반자를 만난 듯 기분이 좋아질 것이다.

3년 전에 개업하여 인천에서 병원을 운영하는 친구가 있다. 그는 개업하고 나서 어려운 시기를 겪었지만 이제 인근지역에서는 그의 이름과 병원을 모르는 이가 없을 정도로 잘나가고 있다. 그 비결을 물으니 병원 경영이 어려워 컨설팅 받을 당시 컨설턴트의 이야기를 들려주었다.

"의료기술은 똑같습니다. 그러니 보다 강력한 무기를 챙기세요. 경청의 기술 말입니다."

이때부터 그는 자신에게 부족한 것은 의료기술이 아니라, 환자의 아픔을 귀담아듣는 경청의 자세가 부족했다는 것을 뼈저리게 느꼈다.

"환자의 말을 듣는 데 집중하다 보니 놀라운 성과가 보이더군."

"뭐가 그리 놀라운데?"

"우선 말을 아끼니 힘이 덜 들고, 들어주니 환자가 스스로 아픔을 다 얘기하면서 스스로 위안을 얻어 진료 만족도도 높아지고, 게다가 친절한 의사라는 별명까지 듣게 되었네. 단지 일방적으로 말하는 습관에서 환자의 고통을 들어주는 것으로 태도만 바꾸었을 뿐인데 말이야."

"환자의 고통을 들어주는 게 그리 효과가 좋군."

그는 자신만이 터득한 진료기술을 털어놓았다.

"70:30 법칙 아나?"

"그게 뭔데?"

"70%는 환자의 말을 들어주고 내 말은 간단하게 30%만 하는 거야. 그러면 모든 게 오케이야."

나는 이 친구의 얘기를 들으며 일방적으로 처방만 내리는 의사와, 환자의 아픔을 환자의 입장에서 같이 아파하며 고통을 나누고 경청하는 의사의 차이가 얼마나 성과를 달리하는지 새삼스럽게 깨닫게 되었다.

감정이입형 경청의 유형

-"아, 멋지구나!"

-"그래 계속 말해봐. 놀라워!"

-"역시 당신이야!"

-"얼마나 슬펐겠니?"

-"마치 내 얘기 같아. 환상적이지 않니?"

-"오, 저런 어떻게 그런 일이!"

-"너무 충격적이군!"

역지사지형 경청

"입장 바꿔 생각해봐!"

흔히 오해가 생기고, 대인관계가 매끄럽게 풀리지 않을 때 쓰는 표현이다. 입장 바꿔 생각해보라는 말은 한 마디로 상대의 말에 경청하라는 의미다. 상대방의 입장에서 생각해보면 더 좋은 관계를 맺을 수 있다는 말이다. 이는 내 귀로 듣는 것이 아니라, 상대의 귀로, 상대의 말을 들으라는 뜻이다. 그럼 어떻게 상대의 귀를 가질 수 있을까. 나의 입장이 아니라, 상대방의 입장에 서는 것이다.

둘째 딸아이에게 한 방 먹은 얘기부터 해보자. 둘째가 중학교에 들어가면서 집안 분위기가 예전과 같지 않다. 아이나 아내, 나 모두가 공부에 관심을 더 가져야만 했기 때문이다.

"무조건 성적을 올려야 한다."

"영어와 수학은 매일 두 시간 이상 해야 한다."
"아빠가 짜준 시간표대로 생활해야 한다."

아마 이것이 아이에게는 스트레스가 되어 쌓이는 줄은 생각하지도 못했다. 어느 날 성적표를 보니 기대 이하였다. 나는 실망한 나머지 대부분의 부모가 그런 것처럼 야단을 쳤다.

"그렇게 열심히 하는 것 같더니 이 성적이 뭐니?"

그러자 아이의 한 마디가 내 뒤통수를 쳤다.

"아빠가 내 입장을 알아?"

무조건 학원에 보내고 집에 오면 공부하라며 텔레비전도 못 보게 하고, 컴퓨터 게임마저 못하게 막아놓았으니, 애가 제대로 숨을 쉴 수가 없었던 것이다. 평소에 힘들다 하던 아이의 말을 아이의 입장에서 경청할 수 있었다면 청소년기 스트레스의 구덩이 속으로 아이를 내몰지는 않았을 텐데 하는 후회가 들었다. 그러니 아이와 대화도 제대로 될 리가 없었다. 대부분 가정에서 문제가 되고 있는 자녀와 대화의 단절은 어른의 입장만 얘기하고, 아이의 입장을 제대로 들어주지 못하는 실수에서 오는 것임을 깨달아야 한다.

역지사지형 경청의 유형

- "야, 내가 당신 입장이라면 사표 내겠다."
- "당신 말 충분히 이해하겠어."
- "당신의 고통 알만해."
- "내가 그 정도라면 헤어지겠어."

-"그 어려운 역경을 딛고 일어나다니 당신은 대단해."
-"당신이기에 가능한 거야, 대단해!"

타이타닉호의 침몰 원인에 대한 주장이 다양하지만 최근에 밝혀진 바에 의하면 리벳^{Rivet}에 결함이 있었다는 것이 밝혀지고 있다. 리벳은 철판을 서로 연결하는 대못으로 사소한 결함이 큰 사고를 불러일으킨 것이다. 그런데 영화 '타이타닉'을 보면 선장과 항해사가 나눈 대화가 흥미롭다.

일기를 관측하던 항해사가 선장에게 이렇게 말한다.

"아무래도 일기가 고르지 못하고, 유빙을 만날 가능성이 있으니, 항로를 변경하여 운항하는 것이 어떻습니까?"

그러자 선장은 단호히 거절한다.

"난 일생 동안 선장을 지낸 사람이다. 별일 없을 테니 예정된 항로를 계속 달려라."

결국은 항해사의 말대로 유빙을 만나 인류 최대의 인명 피해를 내는 사고를 맞게 되었다.

아마 그 선장이 부하의 말을 조금이라도 경청하고 행동했더라면 그 같은 비참한 사고는 예방할 수도 있었을 것이다.

'말 많은 집안은 장맛도 쓰다. 말이 많으면 쓸 말이 적다.'라는 우리 속담이 있다. 위의 속담을 통하여 말을 많이 하는 것보다 남의 말을 많이 들어주는 것이 더 이득이라는 것을 알 수 있다.

7
마법의 두 귀로
마음을 움직여라

경청의 출발은 대화 상대방에게 주의를 기울이는 것이다.

 주의를 집중하라

지난 여름 우리 가족은 강원도 골짜기로 휴가를 다녀왔다. 마침 제자가 운영하는 펜션이 있어 안성맞춤이었다. 한번 다녀가시라는 제자의 간곡한 청도 있어 즐거운 날들이었다. 그런데 비용을 계산하면서 웃지 못할 촌극이 벌어졌다. 비용을 지불하려던 아내와 제자의 대화가 그만 오해와 웃음을 만들어낸 것이다.

"어떻게 교수님께 돈을 받아요. 그냥 넣어두세요."

"아녜요. 정 그러시면 방값만 받아요."

순간 제자의 얼굴이 예상치 못한 표정으로 바뀌었다. 나는 영문도 모른 채 아내에게 계속 방값이라도 지불하라는 사인을 보내고 있었다. 그런데 여전히 제자의 눈빛이 예사롭지 않았다.

"방값만 받으시라니까요."

비용을 지불하려는 아내의 끈질긴 말을 들으며, 여전히 제자는 내심 속으로 뭔가 말을 꺼낼 듯 말듯 망설이는 눈치였다. 머뭇거리던 제자는 머리를 긁적거리며 이렇게 말했다.

"그러면 방값만 주세요."

그러자 아내는 웃음을 터트리며 이렇게 말했다.

"글쎄 방값만 받으라니까요. 식비는 제자 분께서 교수님 접대하신 것으로 하시구요."

알고 보니 제자는 반값만 받으라는 줄 알고 난감해 어쩔 줄 몰랐던 것이다.

경청의 출발은 대화 상대방에게 주의Attention를 기울이는 것이다. 이것이 기본 마음가짐이다. 제자는 그저 반값만 받으라는 줄 알고 대화의 흐름을 잊어버린 것이다. 잘못 들었으니 잘못된 대답을 할 수밖에 없지 않은가. 이처럼 상대에게 주의를 제대로 기울이지 못하면 자신의 입장에서 엉뚱한 반응을 보일 수밖에 없다. 주의를 기울이는 것은 경청의 첫 번째 기술이며, 상대에 대한 배려다. 주의를 기울이는 것은 상대의 말을 적극적으로 들을 준비가 되어 있다는 신호를 보내는 것이다. 누구든지 들을 준비가 되어 있는 사람에게 모든 것을 털어놓게 되어 있다. 여기서는 귀만 열어놓는 것이 아니라, 마음과 눈빛, 손이나 얼굴 빛 모두를 상대의 말에 맞추는 것이다. 대화에서 말을 많이 했을 때보다는 충분히 들었을 때 더 많은 정보와 아이디어를 얻는다. 더욱 큰 효과는 상대방의 신뢰를 얻을 수 있다. 주위 사람들이 어렵고 힘들 때 당신을 찾는 이유는 말을 잘해서가 아니라, 당신이 그의 말을 충분히 들어주고 그의 삶에 주의를 기울였기 때문이라는 것을 기억하라. 대화 중에 진정성이 없이 들으면 상대는 당신에게 거리감을 두고, 해야 할 말과 해서는 안 될 말을 계산하며, 그의 두뇌는 바쁘게 움직이기 시작할 것이다. 사실 듣기는 말하기보다 인내심이 요구된다. 빛의 속도로 바쁘게 움직이는 세상에, 상대방의 시시콜콜한 얘기를 다 귀담아들어준다는 것은 그에 대한 배려나 인내심이 없이는 불가능하기 때문이다. 그래서 상대에 대한 배려가 없는 대화는 늘 상대를 힘들게 한다는 것을 명심하라. 당신은 배려하는 사람인가? 배려하는 사람은 대화 상대에게 영원한 향기를 선물한다. 어떤 자세로 대화하느냐는 전적으로 당신의 선택에 달려 있다.

"어떤 칭찬에 흔들리지 않는 사람도, 자신의 이야기에 마음을 빼앗기고 있는 사람에게는 마음이 흔들린다."라고 자크워드는 말한 바 있다. 그러므로 나는 당신의 얘기에 이미 빠져버렸다는 느낌을 안겨주어야 한다. 인간은 언어적인 동물이다. 이는 누구나 자신만의 고유한 이야기를 갖고 있다는 것을 말한다. 따라서 자신의 말을 들어주는 것은 그 사람의 삶을 받아들이는 것이며, 인정하는 것이다. 그런데 우리 사회는 말을 잘해야 한다는 가르침은 많이 받았지만 남의 말을 경청하는 습관이나 기술을 익히는 데는 주의를 기울이지 않았다.

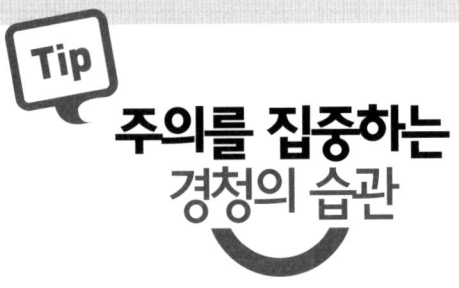

경청은 기술이라기보다는 습관의 문제다. 때로는 그저 듣고 있기만 했는데 중간 정도 가는 경우를 체험했을 것이다. 말하고자 하는 충동을 자제하고, 두 귀에 집중하다 보면 어느덧 경청의 달인이 될 것이다.

- 상대방이 말할 때 긍정의 신호를 보내는가.
- 이미 알고 있다며 상대의 말을 가로막은 적은 없는가.
- 딴짓하며 다른 데 관심을 보인 적은 없는가.
- 상대방의 얼굴을 주시하지 않으며, 엉뚱한 곳을 바라보지는 않는가.
- 요점을 이해하지도 않고 대화를 끝낸 적은 없는가.
- 엉뚱한 질문으로 대화의 흐름을 깬 적은 없는가.
- 별 것 아니라는 반응을 보이며, 배려하지 못한 적은 없는가.
- 자신의 경험만으로 상대의 말을 받아들인 적은 없는가.

선입견을 버려라

어느 날 연구실로 전화가 한 통 걸려왔다.

"안녕하세요? 임붕영 교수님 맞으시죠?"

"네 그런데 누구시죠?"

"전 OO보험 OOO입니다."

나는 보험회사라는 말에 냉담하게 이렇게 말을 하며 전화를 끊으려 했다.

"됐습니다. 전 보험에 관심 없어요. 이만 끊겠습니다."

그랬더니 전화를 건 사람은 계속 말을 하는 것이었다.

"임 교수님, 그게 아니고요."

"글쎄 됐다니까요."

그녀는 바쁜 시간에 전화 드려 죄송하다면서 이렇게 마무리하며 전화를 끊었다.

"사실 전 교수님의 유머강의를 들었던 사람입니다. 강의내용이 너무 좋아서 강사로 저희 회사에 초빙하고자 전화를 드렸는데 되셨다니 할 수 없군요. 안녕히 계세요."

순간 망치로 머리를 얻어맞는 느낌이었다. 나의 경솔함에 경멸을 보내고 싶었다. 그저 조금만 참고 경청했더라면 엄청난 기회를 거머쥘 수 있었을 텐데 말이다. 평소 보험회사라는 말에 선입견을 갖고, 그냥 전화를 끊어버린 것이 한없이 후회되었다.

"그렇다고 다시 발신자를 추적하여 강의를 달라고 애원할 수도 없는 노릇 아닌가!"

나중에 들은 얘기지만 그날 나에게 부탁하려 했던 강의는 그 보험회사가 전국지점을 순회하며 1년 과정으로 진행할 큰 프로젝트였다.

대화를 방해하는 요인 중의 하나가 이처럼 편견Bias이나 선입견을 갖는 것이다. 어떤 선입견을 가지고 대화에 들어가면 상대의 말을 제대로 받아들이기가 쉽지 않다. 좋은 경청 기술을 향상시켜 나가기 위해서는 사전에 자신에게 어떤 편견이나 선입견이 있는지 찾아내어 이를 제거하는 것이 바람직하다. 선입견이 강할수록 상대의 말은 엉뚱한 변명이나, 무가치한 것으로 흘려보내기 십상이다. 선입견이나 편견이 자리 잡고 있는 한 어떤 진실도 당신의 귀에는 들어오지 않을 것이다.

사전에 당신이 가진 선입견이 듣는 것을 방해한다는 사실을 명심하라. 듣기를 빨리 하려면 선입견을 버려야 한다.

언젠가 지각한 학생이 연구실로 찾아왔다. 자신이 왜 지각하게 되었는지 그 이유를 설명하기 위해 온 것이다. 그러나 나는 평소에 지각을 자주하는 그 학생의 말을 제대로 들을 수가 없었다. 그가 설명하는 이유는 그저 변명에 지나지 않는다고 아예 귀를 닫아버린 것이다. 그러다보니 그 학생은 혼자 얘기하고 나는 딴전을 피운 것이다. 게다가 선입견을 갖고 들으니 신뢰감을 가질 수가 없었다. 끝까지 그 학생은 그럴 만한 충분한 이유가 있다며 주장했지만 나의 귀는 선입견이 철문처럼 귀를 막고 있었다. 며칠 후에야 알게 된 사실이지만 그날 그 학생의 주장은 모두 옳다는 것을 알고 후회한 적이 있었다. 이처럼 선입견을 갖고 대화를 하다보면 어떤 정보나 아이디어도 내 귀에 들어오지 않는다는 것을 깨닫게 되었다.

'듣고 있으면 내가 이득을 얻는다. 말하고 있으면 남이 이득을 얻는다.' 라는 서양 속담이 있다. 대화에서 이득을 얻고자 하면 말하기보다는 듣기에 열중하라. 그러나 무엇보다도 선입견을 버리고 대화에 임하는 자세가 중요하다.

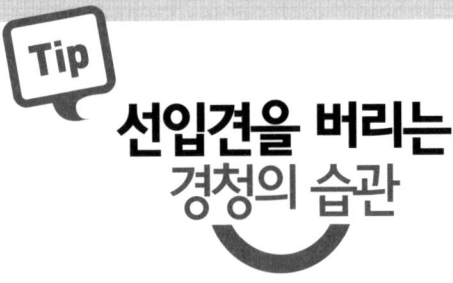

경청을 방해하는 걸림돌은 선입견이다. 이미 마음속에 뿌리 내린 선입견을 제거하지 못하면 늘 자기 중심적인 판단의 노예가 된다. 잘 듣는다는 것은 편견을 버린다는 의미다.

- 과거의 잣대로 대화를 재단하는가.
- 너는 말하라, 나는 알고 있다는 식으로 듣는가.
- 그 얘기는 벌써 알고 있다며, 자신의 입장을 대변하는가.
- 자신의 입장만 내세우는 그릇된 습관을 갖고 있는가.
- "넌 원래 그래." 라는 식으로 상대방을 무시해버리는 경향이 있는가.
- 새로운 게 없다는 식으로 딴전을 피우는가.
- 편향된 사고나 경험으로 들으려 하는가.

상대를 감싸라

훌륭한 대화는 상대를 존중하고 배려하며 감싸는 데 있다. 상대의 인격을 존중하면 당연히 좋은 대화가 이루어진다. 존중하는 사람은 당연히 경청하려 들기 때문이다. 대화는 그 상대가 누구이든 당신과의 파트너십을 구축하는 계기가 된다. 혼자 살 수 있는 사람은 아무도 없으며, 살아 있는 한 죽을 때까지 커뮤니케이션을 해야 한다. 그러고 보면 아이의 탄생을 알리는 울음소리야말로 세상과 소통하고자 하는 몸부림이며, 가장 순수한 의사소통이라 할 수 있다.

일방적으로 상대의 말을 재단하고, 건성으로 들으면 대화는 단절되고, 엉뚱한 방향으로 흐르게 된다. 상대를 감싸지 못하면 신뢰가 넘치는 대화 분위기를 만들어갈 수 없다.

당신은 혼자가 아니다. 이는 당신의 의사意思를 누군가에게 효과적으로 전달하고 있다는 것을 말한다. '독불장군'이 왜 늘 혼자인가. 혼자 뿔이 나 있기 때문이다. 누군가와 의사意思가 통하지 않으니 결국 뿔이 나게 마련 아니겠는가. 의사意思는 곧 의사醫師다. 의사가 통하지 않으면 당신은 늘 혼자일 것이며, 그러므로 정신적으로 아프고 외로울 것이다. 통하지 않는 사람이 가는 길은 뻔하다. 소통이 이루어져야 인생사 '만사형통萬事亨通'이다.

그러므로 상대를 끌어안고 대화하기 위해서는 늘 경청의 자세가 요구된다. 경청하기 위해서는 늘 상대를 진정으로 받아들일 수 있는 태도가 요구된다. 대화의 질을 높이고 관계의 질을 높이는 것이 '말 잘하는 벙어리'인 당신이 고치고자 하는 '말맹'으로부터 탈출하는 길이다.

상대를 감싸는 경청의 유형
- 상대를 충분히 신뢰하고 있는가.
- 좋은 대화 분위기를 만들기 위해 노력하는가.
- 상대를 인격적으로 충분히 받아들이는가.
- 듣는 것이 때로는 제대로 말하는 효과가 있다고 여기는가.
- 상대방의 말이 곧 그 사람이라고 여기는가.
- 제대로 반응하며 상대의 말에 귀 기울이는가.
- 상대방의 입장을 이해하기 위해 노력하는가.

유머처방전
경청의 달인이 되는 비결

지금까지 배운 내용을 중심으로 당신이 경청의 달인에 이르는 비결을 정리해보라. 우선 듣고 말하는 법을 익히는 것은 상대에 대한 배려이며, 전략이지, 상대에게 무조건 순응하는 수동적인 자세는 아니라는 것을 배웠다. 경청하는 데 어려움이 있다면 그것은 무엇인가? 그리고 당신은 그 어려움을 극복하기 위하여 어떤 노력을 기울이는가? 상대방이 수다쟁이이며 당신의 말에는 귀 기울이지 않으면서 자기 이야기만 늘어놓는 사람이라면, 그의 말을 경청할 것인지 아니면 그의 말을 가로막으며 당신의 이야기를 늘어놓을 것인지 말해보라. 말하는 것보다는 경청이 한 수 위라는 사실을 기억하라.

- 귀로 듣지 말고 마음을 듣는다.
- 소리만 듣지 말고 내용을 듣는다.
- 유쾌한 웃음으로 편하게 말할 수 있게 유도한다.
- 재미있게 반응한다.
- 인내심을 가지고 끝까지 경청한다.
- 공감대를 형성하며 듣는다.
- 나는 당신의 편이라는 인식을 심어주기 위해 노력한다.
- 적어도 1분에 세 번 이상 맞장구를 쳐준다.
- 나도 당신과 같은 생각이라는 입장을 전달한다.
- 상황에 맞는 유머로 반응을 보여 신뢰감을 높여간다.

제3장

유머 있게 질문하면 주도권을 잡는다

말 잘하는 사람은 질문으로도
대화를 리드해 나갈 수 있다.

1
손석희처럼 질문하라

그는 최근의 통계나 수치를 질문 자료로 활용한다.

 대한민국의 토론 문화를 바꾼 '한국의 래리 킹'이 있다. 바로 손석희를 두고 하는 말이다. 그의 질문기법은 예리한 송곳이다. 녹슨 철근을 긁어내는 것 같기도 하고, 뭔가 감추고자 하는 사람의 속을 꿰뚫어 기진맥진하게 만들기도 한다. 가끔 그가 진행하는 라디오 프로그램 '손석희의 시선 집중'을 들어보면 게스트들이 혼줄 나는 것을 들을 수 있다. 하지만 그의 질문 속에는 상대에 대한 배려와 존중이 들어 있다. 겉보기에 차갑게 느껴지는 그의 이면에 온화한 언어구사 능력이 말의 품격을 자아내고 있다. 간단 명확한 그의 질문 기술은 대학이나 기업체 회의, 심지어 동네 친목회 모임에 이르기까지 토론문화를 바꾸었다. 잡다한 얘기가 얼마나 불필요한 것인지를 깨우쳐준 것이다. 그의 질문을 들어보면 더 이상

군더더기 없는, 핵심적인 것만을 묻는다는 것을 알 수 있다. 때로는 그래서 더 날카롭게 다가온다. 그저 두루뭉술한 한국의 전통적인 언어구사에 쐐기를 박는 느낌이다. 그래서 그를 두고 '한국의 래리 킹'이라 부르는지도 모른다. 하지만 나는 여기에다 '송곳'이라는 닉네임을 달아주고 싶다. 그의 질문기술을 분석해보면 '질문 속에 답이 있다.'는 진리를 깨닫게 된다. 질문이 말보다 한 수 위라는 것이다.

그의 질문기법에는 콘텐츠와 기술이 절묘하게 균형을 잡아가고 있음을 볼 수 있다. 질문내용과 위트 넘치는 노련한 질문기술, 그리고 깔끔하고 부드러운 외모가 신선한 느낌마저 안겨준다. 손석희의 질문기술을 분석해보면 크게 세 가지 특성을 알 수 있다.

첫째는 그의 용모만큼이나 스마트Smart하다.

스마트한 이미지는 누구나 좋아한다. 손석희는 우선 외모나 말투가 스마트하다는 첫인상을 심어준다. 그만이 지니고 있는 스마트한 질문법을 분석해보면 다음과 같다.

우선 심플Simple하다. 냉철하게 정곡을 찌를 만한 함축된 언어를 갖고 있다. 절제된, 그러면서 깊이 있는 심플한 표현력이 그만이 갖는, 특유의 질문화법이다. 그리고 상대를 자석처럼Magnetic 품 안에 끌어들인다. 그는 질문으로 상대를 추궁한다거나, 움츠려들게 하는 것이 아니라, 더 가까이 다가오도록 끌어들이는, '자석' 같은 힘을 가지고 있다. 이것이 그만이 갖는 특유의 친화력이며, 카리스마다. 다음은 어떤 대화를 나눌 것인지, 사전에 충분히 준비Arrange한다는 것이다. 어떤 대화도 사전에 준비한 만큼 잘할 수 있다는 것을 보여준다. 그리고 상대의 말에 긍정적인 반응Response을 한다. 마지막으로 대화의 주제Theme를 확실히 파악한다. 스마트한 자세라면 어떤 대화도 원하는 대로 이끌어갈 수 있다. 스마트하게 말하기 위해서는 우선 자신이 먼저 스마트한 사람으로 변해야 한다. 손석희를 통해서 배울 수 있는 대목이다.

둘째는 몰이식 질문화법이다.

그의 질문기법은 처음부터 거두절미하고 질문을 퍼붓는 스타일이 아니다. 주변 환경을 정리하는 여건조성이 이루어짐을 볼 수 있다. 처음부터 핵심적인 질문을 던지기보다는 상대방을 칭찬이나 적절한 반응으로 몰고가는 것을 볼 수 있다. 처음부터 본론으로 들어간다거나, 질문하려 든다면 자칫 상대가 자기논리로 방어하게 될 것이기 때문이다. 마치 물고기를 몰아 그물에 집어넣듯 원하는 방향으로 상대를 몰고가는 몰이식 화법이 더 좋은 성과를 내는 질문기법임을 엿볼 수 있다.

셋째는 데이터로 질문한다.

사람은 데이터에 약하다는 심리를 그는 꿰뚫고 있다. 데이터를 가지고 다가서는 사람 앞에서 허튼소리를 할 수 있는 사람은 없다. 그는 두루뭉술한 질문이나 아날로그식 질문을 지양하고 최근의 통계나 수치를 질문 자료로 활용한다. 데이터를 가지고 말하는 사람은 치밀해보이고, 사전에 충분히 준비했다는 느낌을 주고, 상대가 성실히 대화에 임할 준비를 하게 만든다. 게다가 최근의 트렌드를 알려주는 설문조사나 수치를 가지고 질문에 임하면 그에 수긍하지 않을 수 없을 것이다. 질문에 임할 때는 주제에 맞는 통계나 시장 조사 자료를 읽고 가라. 그러면 대화의 분위기를 리드해 나가기 쉬우며 또한 상대를 소리 없이 설득하기 쉬울 것이다. 이것이 손석희 질문법의 핵심이다.

  말 잘하는 사람은 질문기술이 뛰어나다. 질문으로 대화를 리드해 나가며 주도권을 쥘 수 있기 때문이다. 때로는 상대의 허를 찌르는 질문이 큰 위력을 발휘하기도 한다. 그는 한국의 고질적인 질병인 '소통의 고통'을 치유할 수 있는 마법의 질문기술을 국민들에게 전파하고 있다. 또한 질문 속에 답이 있으며, 질문하는 자가 대화에서 한 수 위라는 것을 가르쳐준다.

질문으로
제압하라

상대의 허를 찌를 질문으로, '이기는 대화'를 리드해 나갈 수 있다.

    영국에서 수의사 출신 의원이 보건장관에 임명된 적이 있었다. 이 의원은 어느 날 야당의원으로부터 호된 비난을 받았다.

"당신은 수의사 출신인데 어찌 국민보건을 책임질 수 있다는 말이요?"

자신을 깎아내리려는 의원의 말을 듣고 있던 그 장관은 웃으면서 이렇게 말했다.

"맞아요. 저는 수의사 출신입니다. 그런데 의원님, 어디 아프십니까?"

야당의원의 허를 찌르는 질문기법이다. "당신이 말하는 대로 나는 수의사 출신이다. 그런데 어디 아프냐?"라는 말은, "당신은 동물이냐?"라고 묻는, 위트 넘치는, 뼈 있는 질문기술이다. 이 상황에서는 오히려 장관을 비난하던 의원이 궁지에 몰릴 수밖에 없었을 것이다.

이처럼 이러쿵저러쿵 말을 많이 하기보다는 상대의 허를 찌를 질문으로, '이기는 대화'를 리드해 나갈 수 있다.

'말맹' 탈출하기 두 번째 단계는 적절한 질문으로 대화를 리드해 나가는 것이다. 경청하고 이에 적절한 관심을 보이며 얻고자 하는 것을 제대로 얻기 위해서는 질문의 기술이 요구된다. 질문은 대화의 질을 높이며, 지적인 욕구를 자극하여 상대에게 진지하게 듣고 있다는 의사표현이기도 하다. 단지 몰라서 묻는 것이 아니라, 대화의 질을 높이고, 관계지수를 높이는 수단으로서의 질문기법은 대화의 주도권을 쥐게 한다. 누구든지 질문을 받으면 그것이 무엇이든 답하기 위해 당신에게 집중할 것이다. 당신은 적절한 반응을 보이며, 공감하는 반응을 보임으로써 대화를 깊이 있게 몰고갈 수 있다.

꾀가 많기로 소문난 정 일병이 휴가를 얻어 고향에 가는 중이었다. 기분 좋게 택시를 불러 탄 것까진 좋았는데 목적지에 가까워질 무렵 문득 호주머니를 살펴보니 돈이 한 푼도 없었다. 자칫 망신살을 당할 위기에 처한 정 일병은 지금이 바로 자신의 기지를 발휘할 때라고 판단하며 운전기사에게 소리쳤다.

"아저씨! 담배 좀 사게 저기 담뱃가게 앞에서 잠깐만 세워 주세요! 그런데 아까 차 안에서 10만 원짜리 수표를 떨어뜨렸는데 어두워서 그런지 도무지 못 찾겠네요. 혹시 기사님 제 수표 보셨습니까?"

그리고선 급히 택시에서 내려 담뱃가게로 뛰어 들어갔다. 뒤돌아보니 아니나 다를까 택시는 쏜살같이 어둠 속으로 사라져가고 있었다. 대화에서 질문은 대화의 흐름을 좌우하고, 통제하는, 주도권을 잡는 것을 말한다. 예수나 석가, 공자, 소크라테스의 공통점은 서술형으로 말하지 않고, 늘 제자들에게 질문을 던져 답을 요구하고 대화를 리드해 나갔다는 점이다.

"성공하는 사람들은 타인에게 명확한 질문을 할 수 있는 사람."이라고 존 맥스웰은 말한다.

명확한 질문은 얻고자 하는 메시지를 쉽게 얻을 수 있으며 리더십을 발휘할 수 있는 능력을 표현하는 것이다. 게다가 상대에게 적극적으로 경청하고 있다는 메시지를 보내는 신호이기도 하다. 더욱이 대화 중에 상대의 관심사나 직업, 가정, 취미나 꿈, 그가 자랑하고 싶어 하는 분야에 대하여 관심을 갖고 질문하면 더욱 신뢰관계를 형성할 수 있는 기회를 만들어나갈 수 있다. 게다가 질문화법을 즐기는 사람은 깊이 있는 대화를 즐길 수 있는 이점이 있다. 질문하라. 질문하는 자가 늘 대화를 리드하고 한 수 위라는 것을 명심하라.

때로는 백 마디 말보다 적절한 질문 한 마디가 승부를 가린다. 맥을 잡는 질문은 고도의 기술이다. 적절한 질문만으로도 대화의 주도권을 잡거나 이미 할 말을 다 하는 경우를 많이 본다.

- 상대의 관심 분야를 물어라.
- 개인적인 프라이버시를 침해하지 않는 범위에서 물어라.
- 대화의 흐름을 깨지 않는 시점을 택하라.
- 적극적으로 경청하고 있다는 메시지를 함께 전달하라.
- 호감을 살 수 있는 질문을 하라.
- 상대가 쉽게 답하고 설명할 수 있는 질문을 하라.
- 가능한 한 긍정적인 답변을 기대하라.
- 질문을 통하여 공감할 수 있는 성과를 만들어가라.
- 일방적인 질문이 아니라, 대화의 주제에 맞는 질문을 하라.
- 질문에 답할 수 있도록 적극적인 반응을 보여라.

3
핵심을 찌르는 유머를 터득하라

질문방식에 따라 그 대화의 분위기나 성과는 달라질 것이다.

효과적인 질문만으로도 충분한 대화가 이루어질 수 있다. 게다가 적절한 질문은 돈독한 관계를 만들어갈 수 있으며 유익한 대화 분위기를 창조해 나간다. 당신이 말하는 문장은 대부분 두 개 중 하나에 해당된다. 서술형이거나 아니면 질문형 문장이다. 그러나 똑같은 대화라 하더라도 질문형 대화는 친근감을 줄 수 있고 상호보완적인 분위기를 만들어가며 깊은 대화를 통하여 충분한 교류를 촉진한다. 다음의 예에서 보듯이 똑같은 내용이지만 대화 방식에 따라 상대방의 반응이 달라질 수 있다.

서술형 대화

"회사 갔다 왔어. 오늘 힘들어 죽는 줄 알았어. 이러다가 쓰러지겠어. 밥이나 줘. 일찍 먹고 잠이나 자게. 요즘은 무슨 일이 제대로 되는 게 없어. 아, 매일 똑같은 그 날이 그날이구나. 다람쥐 쳇바퀴가 내 인생이다."

 퇴근한 남편이 이렇게 말을 걸어올 때하고, 똑같은 메시지를 전달하면서 질문형 대화를 할 때하고의 차이는 듣는 상대방에게 전혀 새로운 메시지로 다가온다.

질문형 대화

 "여보, 어디 있어? 나 집에 온 거 안 보여? 왜 이렇게 요즘은 힘이 들지? 이러다가 쓰러지지 않을까? 밥 좀 줄 수 있어? 일찍 잠이나 자면 어떨까? 왜 이렇게 요즘은 되는 일이 없지? 내 인생이 그 날이 그날 같지 않아? 다람쥐 쳇바퀴 도는 것 같지 않아?"

 서술형 대화는 무미건조하며, 교과서적인 대화로 상대방의 깊은 반응을 기대할 수 없다. 깊이가 없고 단순한 차원의 문장이다. 평범한 사람들의 입에서 준비 없이 나올 수 있는 말이라는 뜻이다. 그러나 말의 달인들은 대개 질문형 화법을 사용한다. 질문하는 그 자신도 깊이 있게 생각하며, 상대 또한 그런 깊은 생각을 할 수 있게 해 대화의 질적 수준을 높여나갈 수 있다.

 서술형 대화와는 달리 질문형 대화는 반드시 상대방이 답변하게 유도하며 대화를 쌍방향으로 풀어간다. "나 회사 갔다 왔어."와 "나 집에 온 거 안 보여?"의 차이는, 전자는 독백으로 끝날 수 있지만 후자는 아내의 반응을 요구한다. 아내의 반응을 통하여 하루의 일과를 알 수 있고 이런저런 얘기를 풀어나갈 수 있다. 질문은 대화의 맥을 잇고, 깊이 있는 반응을 유도하며, 적극적인 교감을 통하여 상대를 신뢰하게 하는 힘이 있다.

두 가지 유형이 어떤 식으로 대화가 이루어지는지 살펴보자.
"나 회사 갔다 왔어."
"알았어." 혹은 "그래."
그저 듣고 있다는 정도의 의사표시에 지나지 않는다. 그러나 질문형 대화에는 상대방이 반드시 되묻든가, 아니면 더 큰 관심을 나타내게 한다.
"나 집에 온 거 안 보여?"
"안 보이긴 왜 안 보여요. 오늘 기분 좋은 일 있었어요?"

이처럼 똑같은 상황에서도 서술형 문장을 들고 나오는가 아니면, 질문형 문장을 들고 나오는가에 따라 대화의 품격을 달리할 수 있다. 당신이 '말 잘하는 벙어리'인 '말맹'으로부터 탈출을 원한다면 늘 물어라. 그리고 적절한 질문을 준비하여 대화에 임하라.
"지혜의 핵심은 올바른 질문을 할 줄 아는 것."이라고 존 사이먼은 말한다. 이처럼 말을 잘한다는 것은 입을 열고 있으라는 의미가 아니다. 적절한 질문을 통하여 핵심을 찌르고 대화분위기를 리드해 나갈 수 있다. 대화의 주도권을 쥐는 사람이 원하는 목적을 쉽게 이룰 수 있으며 원하는 방향으로 상대를 설득해 나갈 수 있다. 아무리 급

해도 질문하는 법을 잊지 마라. 질문이야말로 당신이 원하는 것을 효과적으로 얻을 수 있으며 가장 손쉽게 설득할 수 있는 비결이다. 게다가 당신이 가장이나, 상사, 혹은 CEO로서 리더십을 발휘하고 의사결정권자라면 반드시 질문의 힘을 이용할 줄 알아야 한다.

"다음 주까지 보고서 완성해."
"다음 주까지 보고서 완성할 수 있겠나?"

이 두 대화를 들을 때 어떤 느낌이 드는가. 어느 유형의 대화에 능동적인 반응을 보일 것인가. 당신이 부하라면 첫 번째 대화에는 그저 기계적인 반응을 보일 것이다. 그저 일상적이며 무미건조한, 일방적인 커뮤니케이션이다. 그러나 당신이 리더라면 늘 후자처럼 말하라. 리더란 항상 쌍방향 커뮤니케이션을 즐기는 습관이 되어 있는 사람을 말한다. 후자의 질문을 받은 당신의 부하는 여유를 가질 수 있을 것이며, 설사 일이 제때 완성되지 못한다 하더라도 당신에게 자문을 구할 것이다. 그러나 전자의 경우 제때에 보고서를 완성하지 못한다면 자신이 무능한 사람으로 찍힐 수 있다는 불안감을 가질 수 있을 것이다. 대화는 독백이어서는 안 된다. 그것은 언제나 살아서 움직이는 탁구공처럼, 서로의 영역을 오가며 게임해야 한다. 당신의 서브 기술이 아무리 뛰어나도 당신에게 그 공이 되돌아오지 않는다면, 탁구공의 의미가 없다는 것을 알게 된다.

당신이 누군가에게 일찍 일어나는 게 좋다는 내용을 가르친다고 가정해보자. 아마 다음과 같은 두 가지 대화법 중 하나를 선택할 것이다. 하지만 그 결과는 엄청난 차이를 가져올 수 있다.

"당신이 새라면 일찍 일어나세요. 그래야 벌레를 잡을 수 있어요. 그러나 당신이 벌레라면 늦게 일어나세요. 그래야 살 수 있어요."

이 대화법을 이렇게 질문형으로 바꿔보자.

"당신은 새입니까? 그렇다면 일찍 일어나세요. 그래야 벌레를 잡아먹을 수 있어요. 아니면 당신은 벌레입니까? 그렇다면 늦게 일어나세요. 그래야 살 수 있지 않을까요?"

어떤 대화가 당신에게 귀를 기울이고, 세심한 관심을 갖게 하는지 분명하다. 그래서 대화에서 질문을 마력이라 부른다. 당신이 유능한 리더라면 서술형 대화법을 이제부터 질문형으로 바꿔보라. 그것만으로도 리더십을 발휘하고 공감하는 영향력을 나타낼 수 있다.

물론 질문의 태도가 중요하다. 그저 대화를 이끌어가기 위한 방편으로 고개를 끄덕이듯 질문을 퍼붓는다면 오히려 대화의 질을 떨어뜨리고, 당신이 설득하고자 하는 길을 잃게 될 것이다. 분명한 목적을 가지고, 대화의 기술을 발휘해야 한다. 특히 협상 테이블에서의 적절한 질문은 대화의 목적달성을 좌지우지하는 결정적인 기회를 만든다.

초등학교 아이가 어느 날 아빠에게 느닷없이 글쓰기에 대하여 물었다.

"아빠는 불 끄고도 글씨 쓸 줄 알아?"

"그럼, 물론이지."

아빠는 아들 앞에서 자신 있게 답변했다.

"정말이야?"

"정말이라니까. 아빠는 못하는 일이 없단다."

그러자 아들은 자신의 목적을 달성할 만한 일을 맡겼다.

"그럼, 여기 와서 내 숙제 좀 도와줘."

이 대화에서 아빠는 분명 한 방 얻어맞은 기분이지만 아이는 적절한 질문으로 아빠를 움직여 자신이 원하는 바를 성취할 수 있게 되었다. 예를 들어, 무조건 "아빠, 여기 와서 내 숙제 좀 도와줘."하며 설득하려 들었다면 그 결과는 뻔하다. 대화 도중에 명확한 목적의식을 가지고 던지는 질문은 힘을 발휘할 수 있다. 질문 방식만 바꿔도 대화의 질이 달라질 수 있음을 볼 수 있다.

"질문만으로 상대를 조종하고 상황을 장악할 수 있다."고 마사히코 쇼지는 말했다. 어떤 질문을 던지느냐에 따라 대화의 질은 완전히 달라질 수 있다. 만약 당신이 중요한 협상 테이블에 앉아 있다면 질문방식에 따라 그 대화의 분위기나 성과는 달라질 것이다. 그러니 질문만으로도 충분한 대화가 된다는 것을 명심하라. 문제는 어떤 유형의 질문법을 사용하느냐에 달려 있다.

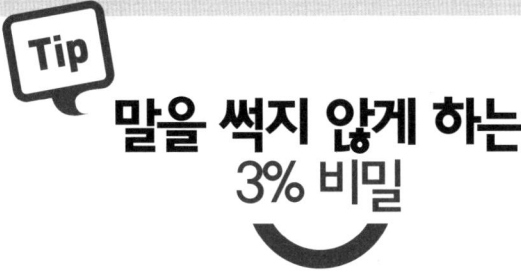

말을 썩지 않게 하는 3% 비밀

바닷물이 썩지 않고 많은 생명의 보고가 될 수 있는 것은 3%의 소금이 있기 때문이다. 단지 3%가 바다를 살린 것이다. ≪한비자≫에 이런 말이 있다.

'수영 잘하는 사람이 물에 빠지고 말을 잘 타는 사람이 말에서 떨어진다.'

나는 여기에 한 가지를 덧붙이고 싶다. 말 잘하는 사람이 늘 덫에 걸려들고 후회한다. 그럼 어떻게 말을 혼탁하게 하지 않으면서 궁지에 몰리지 않게 말을 잘할 수 있을까.

"3%의 유머를 쏴라."

유머는 많이 한다고 효과가 뛰어난 것은 아니다. 그저 필요한 시기에, 적절한 한 마디 유머면 족하다. 3%의 유머가 당신의 말을 살아 있게 한다.

4
상황에 맞는 질문으로 상대를 묶어두라

선물을 포장하듯 질문의 틀을 짜라.

 질문의 유형은 질문자의 태도에 따라 변호사형과 검사형 질문, 아날로그형과 디지털형 질문으로 나누어 볼 수 있다. 그리고 질문 내용에 따라 개방형 질문과 폐쇄형 질문, 그리고 동기부여형 질문으로 나눌 수 있다. 상황에 맞게 적절한 질문 유형을 선택한다면, 원하는 것을 쉽게 얻을 수 있으며, 상대를 내 편으로 만들어나갈 수 있다.

변호사형 질문

이 방식은 일방적인 자기주장을 관철시키기 위해 사용하는 질문이 아니다. 자기중심이 아니라 상대방의 어려움을 찾아내어 도와주고 문제해결을 모색해 나가기 위한 배려중심의 질문유형이다. 좋은 성과를 찾기 위해서는 우선 상대방의 입장을 제대로 알아야 한다. 그러기 위해서는 상대방 입장에 맞는 질문을 던져야 한다. 예를 들면 "내가 뭘 도와줄 수 있지?"라는 유형의 질문법이다. 변호사형 질문을 던지는 사람은 늘 상대에게 호감을 살 가능성이 높다. 대화를 자기중심이 아니라, 상대에게 초점을 맞추기 때문이다. 게다가 "나는 당신의 파트너"라는 인식을 주어 상대의 마음속에 숨겨진 내용을 쉽게 알아낼 수 있다. 물론 반드시 당신이 윗사람인 경우에 이런 변호사형 질문이 유용한 것은 아니다. 당신이 부하의 위치에 있다거나 '갑'이 아닌 '을'의 입장에 있다 해도 당신은 얼마든지 변호사형 화법을 통하여 당신의 목적을 이룰 수 있다. 만약 당신이 변호사라면 당신에게 사건을 의뢰하러 온 고객에게 어떻게 말할 것인가.

"여기 앉으세요. 그럼 무엇 때문에 왔는지 말해보세요."

"무엇을 도와 드릴까요? 혹시 법률상 손해 보신 일이라도 있으신가요?"

아마 전자의 문장을 선호한다면 당신은 절대로 변호사로서뿐 아니라 인생에서 성공할 수 없다. 그러니 당신이 무슨 일을 하든지 반드시 후자의 변호사형 질문법을 잊지 말아라. 그럼 당신에게 일을 맡기려는 사람들이 줄을 서게 될 것이다.

부부관계에서 변호사형 질문

- "뭐 내가 거들어줄 만한 거 없어?"
- "당신 요즘 직장에서 힘든 일 있어요?"

- "당신은 다시 태어나도 나랑 결혼해줄 거야?"
- "주말에 시댁에 가면 어떨까?"
- "요즘 아이들은 공부를 제대로 하는 거야?"
- "요즘 당신 힘들어 보여요. 보약이라도 드실까요?"
- "좀 쉬면서 하면 안 돼?"
- "세탁소에 셔츠 좀 맡기면 안 될까?"
- "마트 가는데 사올 거 없어?"

직장에서 변호사형 질문

- "김 대리, 요즘 뭘 그리 바쁘지?"
- "박 부장, 진급하는 데 어려움 있나?"
- "이사님, 요즘 안색이 힘들어 보이세요?"
- "사장님, 경쟁사가 너무 치고나오는 거 아닌가요?"
- "미스 김, 휴가 좀 미리 당겨 쓰지 그래?"
- "홍 과장님, 제가 도와드릴 일 없어요?"
- "우리 부서가 무엇으로 인기를 얻을 수 있을까?"
- "경쟁사를 앞서기 위해 당장 취해야 할 조치가 무엇일까?"
- "훌륭한 일터를 만들기 위해 어떤 아이디어가 있을까?"
- "내일까지 보고서 완성할 수 있을까요?"

검사형 질문

검사형 질문은 상대방을 배려하는 유형이 아니라, 때로는 일방적이며, 권위주의적인 냄새를 풍기는 질문법이다. 상대를 추궁하고 자신이 원하는 답변을 듣기 위해 때로는 강압적인 분위기를 만들어내기도 한다. 예를 들면 "내 말에 답변 안 할 거야?"와 같이 '갑'의 입장에서 권위를 내세우는 유형이다. 한국의 가부장적인 가정문화의 단점이 바로 부부지간이나 자녀교육에 있어서 이런 검사형 질문법이 지배해왔다는 것이다. 게다가 아직도 일부기업에서는 전통과 서열을 중시하며 상명하복의 고질적인 병폐가 자리 잡고 있다. 그런 기업은 십중팔구 검사형 화법을 끈질기게 고수하는 집단이다. 이런 질문법은 당장은 효과를 보지만 신뢰감을 구축하기 어렵다. 게다가 대화가 일방적으로 흐를 수 있어 질문을 받고 답변해야 하는 입장에서는 불쾌감을 가질 수 있다.

처칠은 죽기 전에 동상을 만들지 말라고 유언했다. 새들이 자신의 머리 위에 배설물을 남기는 것이 싫다는 이유였다. 그러나 그가 죽자 영국 정부는 곳곳에 그의 동상을 만들어 업적을 기렸다. 그런데 새들이 날아와 처칠의 염려대로 그의 동상 위에 배설물을 남기기 시작했다.

"왜 그의 머리 위에 배설물을 남겨놓느냐?"

청소부가 화가 나서 새에게 소리쳤다.

그러자 새가 항변했다.

"내 화장실에 배설물을 처리하는데 왜 참견이세요?"

"왜 그게 네 화장실이냐?"

그러자 새가 당당하게 말했다.

"WC잖아요. Winston Churchill 윈스턴 처칠."

당신이 검사형 질문을 던지는 대화를 즐긴다면 상대는 위축될 가능성이 높다. 게다가 한 발 나아가 그는 당신에게 다음에 만날 약속을 잡지 않을 가능성이 있다. 대개 검사형 질문 화법은 일방적이며, '갑'의 논리를 따르라는 식의 대화일 수 있어 좋은 성과를 내기가 어렵다는 단점이 있다. 그러니 어떤 대화에서도 검사처럼 취조하려 들지 마라. 검사형 질문은 상대의 입을 다물고 고개만 끄덕이게 만들 것이다.

가정에서 검사형 질문

- "당신이 헛된 곳에 돈 쓴 거 알지?"
- "당신 때문에 아이들이 저 모양이라는 거 알아?"
- "너 다음 번에도 성적 떨어지면 어떻게 되는지 알지?"
- "당신이 그렇게 했으니 당신이 책임져야 하는 거 아냐?"
- "왜 사실대로 말하지 않는 거야?"
- "아빠 말, 안 들을 거야?"
- "아이들이 누굴 닮아서 그런지 알기나 하세요?"
- "저축 못하는 거 그게 누구 때문이겠어요?"
- "어떻게 아이들 문제를 당신만 알아야 해?"
- "왜 집안 문제를 당신 맘대로 결정하는 거야?"

직장에서 검사형 질문

- "왜 우리 팀이 늘 꼴찌라고 생각하나?"
- "왜 당신은 매번 늑장 보고야?"
- "이번 일에 누군가 책임져야 한다는 거 알지?"
- "누가 이 멍청한 프로젝트의 책임자야?"
- "이달에 매출액이 또 떨어지면 어떻게 되는지 알지?"
- "김 과장, 당신이 책임져야 하는 거 알아?"
- "윗사람의 지시인데 난들 어떡하겠나?"
- "박 부장, 당신이 모르면 누가 안단 말이야?"
- "정말 책임이 없다고 버틸 거야?"
- "이번에도 실패하면 어떻게 되는지 알지?"

아날로그형 질문

두루뭉술하게 묻고 답하는 식의 질문법이다. 정확한 콘셉트가 없이 그저 시골 농부들이 나누는 듯한 질문법이다. "비가 언젠가 오겠지?"와 같이 막연한 질문형식이다. 여기에는 명확한 시간개념이나 수치도 없고 일상 속에서 오고가는 안부 묻기 식의 화법이다. 이는 땅에 의존하며 생계를 꾸려나가던 느슨한 농경사회 스타일의 질문 형식이라고 볼 수 있다. 이 같은 질문법은 듣기에는 편한데 명확한 시간 개념이나 조건이 없어 자칫 오해를 불러일으킬 수 있다. 따라서 촌각을 다투는 금융시장이나 국제무대에서는 가능한 한 삼가는 것이 바람직하다. 게다가 속도의 시대, 시간이 돈인 사람들 앞에서는 적절한 질문법이 아니다.

예를 들면 전형적인 아날로그 방식의 화법이 여기에 있다.
"언제 술 한잔 할까?"
"그래, 언제 한잔 하지."
이 대화를 놓고 보면 도대체 언제 술을 하자는 것인지 알 수 없다. 물론 상대방도 수긍은 했지만 그것이 언제라는 것을 모른다. 이 같은 불투명한 질문화법은 대인관계를 깔끔하게 맺어주지 못한다. 물론 관심을 나타내고 정을 전달하는 역할은 아날로그 질문법의 특성이다. 하지만 당신이 시간과 싸우면서 비즈니스를 하는 의사결정권자라거나 CEO의 자리에서 리더십을 발휘해야 한다면 가능한 한 아날로그형 질문법은 피하는 게 좋다. 자칫 사람은 좋은데 개념이 없다는 소리를 들을 수 있기 때문이다. 게다가 명심하라. 어떤 계약서에도 아날로그 스타일의 문장은 효력을 발휘할 수 없다. 따라서 아날로그형 질문은 겉보기에 부드럽고 자상해보이지만 실제적인 내용은 없다.

일상생활 속 아날로그형 질문

- "콩나물 한 봉지 얼마죠?"
- "이 거 한 뭉치가 얼마나 나가죠?"
- "언제까지 배달 가능한가요?"
- "내일 비가 오나요?"

- "이번 시험에 성적을 올릴 수 있니?"

- "요즘 물가가 많이 올랐나요?"

- "그 정도면 괜찮지 않은가요?"

- "언제 다시 만나요?"

- "다음 미팅에서 논의할까요?"

- "생활비 좀 올려줄 수 있어요?"

디지털형 질문

당신은 차가울 정도로 명확하고, 개념이 보이게, 뚜렷하게 말하는 사람인가. 그렇다면 당신은 디지털 유형의 질문자이다. 정확한 핵심을 묻고, 언제까지라는 시간 개념이 명확하며, 냉철한 근거를 갖고, 질문하면 상대도 당신에게 맞는 답변을 준비할 것이다. 이는 "내일 오후 2기경에 비가 올까?"와 같이 시간 개념이 명확하며, 예측이 가능한 대화법이다.

어떤 치통 환자가 있었다. 치과에 가서 물었다.

"이 하나를 빼는 데 치료비가 얼마죠?"

의사는 3만 원이라고 말했다. 그러자 그 환자는 깜짝 놀라며 되물었다.

"그까짓 거 1분도 안 걸리는데 왜 그렇게 비싸죠?"

그러자 의사가 심각한 표정을 짓더니 이렇게 말했다.

"그럼 10분 안에 빼 드릴까요?"

아날로그형 대화가 농촌형 사회의 전형적인 스타일이라면, 이는 디지털 시대의 질문법이다. 디지털 시대는 숫자개념이 명확해야 한다. 그래야 예측하고, 분석하며, 비전을 설정할 수 있다. 그저 두루뭉술하게 묻는 스타일은 왠지 시대에 뒤떨어진 느낌을 주기 십상이다. 특히 당신이 신세대들과 일을 함께한다거나 글로벌 환경에서 비즈니스를 한다면 반드시 디지털형 질문법을 구사해야 한다. 디지털형 화법은 단지 안부나 묻고 대화를 즐기는 스타일이 아니라, 대화를 통하여 성과를 끌어내고 상호간의 역할을 찾아나서는 적극적인 대화법이라고 볼 수 있다. 어떤 계약서를 보더라도 모든 문서는 디지털형 문장으로 이루어졌다는 것을 명심하라. 협상이나 프로젝트, 마케팅 문제를 갖고 토의하는 자리라면, 반드시 디지털형 질문화법을 구사해야 한다.

예를 들면 위에서 말한 전형적인 아날로그 방식의 화법을 이렇게 바꿀 수 있다.

"언제 술 한잔 할까?"

"그래, 언제 한잔 하지."

이것을 디지털형 질문법으로 바꾸면,

"다음 주 화요일 저녁 8시에 한잔 할까? 장소는 강남의 A카페 어때?"

"아냐. 그날은 약속이 있어. 목요일 날 7시면 어떨까? 장소는 지난번 갔던 C카페 괜찮겠는데……."

이 대화법은 시간과 장소가 명확하게 제시되어 있어 깔끔하게 마무리되고 있다. 막연한 뜬 구름 잡기식이어서는 안 된다. 이것이 글로벌 리더가 갖추어야 할 질문화법이다. 그럼 당신이 디지털형 질문화법을 구사하고 싶다면 위에 나온 아날로그형 질문을 어떻게 디지털형으로 바꿀 것인가.

일상생활 속 디지털형 질문

 -"콩나물 100g에 얼마죠?"
 -"오늘 저녁 8시까지 배달 가능한가요?"
 -"내일 저녁 8시경에 비가 올까요?"
 -"이번 시험에 평균 10점을 올릴 수 있겠니?"
 -"요즘 물가가 몇 퍼센트나 올랐나요?"
 -"예년 대비 10% 성장이면 괜찮은 거 아닌가요?"
 -"다음 달 1일에 이 자리에서 다시 만날 수 있나요?"
 -"다음 달 두 번째 주 미팅에서 논의할까요?"
 -"생활비를 50만 원만 올려줄 수 있어요?"

당신은 아날로그형인가, 아니면 디지털형인가. 어느 경우라도 큰 무리는 없을 것이다. 그러나 당신이 협상이나 대화에서 얻고자 하는 목적과 대화 동기에 따라 적절한 질문법을 구사하는 것이 바람직하다. 가족이나 친구끼리, 막역한 사이라면 정과 전통을 중시하는 아날로그형도 무리는 없다. 하지만 당신이 피 튀기는 경쟁무대에서 일하는 사람이라거나, 바이어를 대하는 사람이라면 반드시 디지털형의 질문법을 구사하는 것이 의무다. 당신의 말이 곧 비즈니스이며,

당신 기업을 대표하는 메시지이기 때문이다.

"과거의 리더는 지시하는 사람이었지만 미래의 리더는 질문하는 사람이 될 것."이라고 피터 드러커는 말했다. 참으로 옳은 지적이 아닐 수 없다. 지시하는 사람은 결코 리더의 자리에 갈 수 없다는 것이다. 지시는 자신의 의견이나 윗사람의 방침을 전달하는 앵무새의 역할이기 때문이다. 앵무새는 그저 말을 흉내 낼 뿐이라는 것을 명심하라. 당신이 리더라면 반드시 상대의 위치를 묻고, 그의 편이 되어주며, 상호보완 관계를 구축해 나가는 것이 바람직하다. 지시하는 사람보다는, 질문하고 묻는 사람에게 많은 사람들이 마음을 열기 때문이다.

질문 내용에 따라서는 개방형 질문과 폐쇄형 질문 그리고 동기 부여형 질문으로 나누어 볼 수 있다.

개방형 질문

개방형 질문은 상호교류를 촉진하며, 상대방이 여유 있게 답변할 수 있는 기회를 제공한다. 그만큼 상대방에 대한 배려가 많은 편이다. 이는 자신의 의견을 관철시키기보다는 상대의 의견을 존중하며 좋은 성과를 만들어내고자 하는 의도를 갖고 있다. 이 질문법은 대개 이런 구조를 갖고 있다.

"~에 대한 당신의 생각은 무엇입니까?"

"그 문제를 좀 더 설명해주실 수 있나요?"
"당신의 의견을 좀 더 들어도 될까요?"
"이 문제를 어떻게 처리했으면 좋을까요?"
"당신이 그렇게 생각하는 이유를 말씀해주실 수 있나요?"

이처럼 개방형 질문은 "이것이냐, 저것이냐." 혹은 "예.", "아니요."를 요구하는 질문법이 아니라, 상대방이 자신의 의사표시를 다양하게 할 수 있도록 유도하는 특성이 있다. 이 질문법은 상대방의 의견을 청취하기 위한 질문이므로 다양한 답변을 들을 수 있고 깊은 대화를 이끌어갈 수 있다는 장점이 있다. 또한 대화 분위기를 높이며 신뢰감을 향상시킬 수 있는 좋은 질문법이다.

명심하라. 좋은 질문이 좋은 반응을 일으키고, 당신에게 원하는 정보를 안겨줄 것이다. 질문만 잘해도 원하는 것을 얻을 수 있으며, '말 잘하는 벙어리' 라는 누명을 벗을 수 있다.

가정에서 개방형 질문

- "요즘 아이들의 성적 부진에 대한 당신의 생각은 무엇이죠?"
- "어떻게 하면 좀 더 행복한 가정을 만들 수 있을까요?"
- "가계 생활비를 줄이는 방법을 당신이 제시해볼 수 있어요?"
- "수입을 늘리는 다른 대안은 없을까요?"
- "둘째 아이의 남자 친구를 어떻게 생각해요?"
- "늘어나는 뱃살을 줄이는 방법은 없을까요?"
- "어떻게 하면 부모님을 행복하게 모실 수 있을까요?"

- "아이들이 멋진 꿈을 갖게 하려면 어떻게 해야 하지요?"
- "옆집은 어떻게 저렇게 매일 웃고 산다고 생각해요?"
- "가족들이 주말에 여행을 간다면 어디로, 어떻게 가는 것이 좋을까요?"

직장에서 개방형 질문

- "김 부장은 이 아이디어를 어떻게 생각하세요?"
- "이 프로젝트가 반드시 성공할 수 있다고 믿는 이유가 뭐죠?"
- "경쟁사를 뛰어넘을 수 있는 마케팅 전략은 무엇이 있을까요?"
- "이번 회사의 정책에 대하여 어떻게 생각하세요?"
- "경쟁사 신제품에 대한 당신의 생각은 무엇입니까?"
- "이번 신규 사업 진출 아이템에 대한 당신의 의견은 무엇이죠?"
- "당신 팀의 강점은 무엇이라고 생각하세요?"
- "이번 달 판매 부진에 대한 대안은 무엇입니까?"
- "이사로 승진한다면 어떤 정책을 입안할 생각입니까?"
- "신제품 결합에 대하여 더 설명해주시겠습니까?"

폐쇄형 질문

당신은 늘 대화 중 시험 문제를 내듯이 답을 요구하는 질문을 하는가. 그렇다면 당신은 상대를 위축시키고 당신의 의견에 복종시키려 드는 폐쇄형 질문자이다. 이는 상대가 자신의 의견을 생각하고 답을 주는 것이 아니라, 당신이 의도한 대로 일방적으로 대화를 리드해 나가는 데 문제가 있다. 이는 "이것이냐, 저것이냐." 혹은 "예.", "아니요."를 요구하는 식의 질문이기 때문에 대개 대화가 짧고 단조롭다. 게다가 내용 또한 단순하다. 깊이 있는 대화를 리드하기보다는 권위를 내세우듯 일방적으로 밀어붙이는 특성이 있다. 따라서 이런 질문을 받으면 대화를 나누는 상대방 입장에서는 당신에게 일방적으로 끌려다닌다는 불신감을 가질 수 있다. 예를 들어, 중국집에서 식사를 하는 경우 메뉴 판에는 수십 종의 메뉴가 있는데 상대방의 의견을 묻지도 않고, 자장면을 먹을 것이냐, 아니면 짬뽕을 먹을 것이냐를 묻는 식이다. 얼마든지 다양한 메뉴가 있고, 선택의 여지가 있는데 말이다. 이는 상대의 선택권을 무시하고 자신의 입맛에 맞는 대로 상대를 끌고 다니려는 의도로 볼 수 있다. 따라서 이런 질문법은 자칫 분쟁의 씨가 될 수 있고, 신뢰를 깨트릴 수 있는 위험성이 있다. 당신이 리더의 자리에서 많은 사람들을 이끌어야 한다면 이렇게 말을 바꾸어라.

"여기는 다양한 메뉴가 있습니다. 어떤 메뉴를 드시겠습니까?"

이런 질문만으로도 당신은 상대에게 충분히 선택의 기회를 주고 배려를 한 셈이다.

이 질문법은 대개 이런 구조로 이루어져 있다.

"이 안에 찬성하세요? 아니면 반대하세요?"

"A안을 지지합니까? 아니면 B안을 지지합니까?"

"오늘 할까요? 아니면 내일 할까요?"

"지금 갈까요? 아니면 저녁에 갈까요?"

"지금 살래요? 아니면 내일 살래요?"

이처럼 폐쇄형 질문은 토론중심의 대화라기보다는 일방적으로 몰아붙이듯이 하는 자기중심의 대화방식이라고 볼 수 있다. 이런 방식의 질문 형태로는 상대와 공감할 수 있는 분위기를 만들어갈 수 없다. 마치 상대는 심문당하는 느낌을 떨쳐버리지 못할 것이다. 게다가 자신이 수동적인 위치에 있다는 것을 알게 됨으로써 누이 좋고, 매부 좋은 윈-윈 관계를 만들어갈 수 없다.

"선물을 포장하듯 질문의 틀을 짜라. 최고의 질문이 최고의 성과를 낳는다."라고 마이클J. 마쿼트는 말했다. 선물을 포장하는 것은 상대에게 기분을 좋게 해주고 예의를 표하는 것이다. 내용도 중요하지만 그 포장, 디자인 또한 시각적으로 좋은 느낌을 줄 수 있어야 한다.

이처럼 질문은 공감을 형성하고 상호존중하는 분위기 속에서 서로에게 득이 되는 대화로 이어져야 한다.

가정에서 폐쇄형 질문

- "여보, 나랑 시장 같이 갈 거야? 말 거야?"
- "점심에 라면 끓여 먹을까? 국수 먹을까?"
- "아빠 방식대로 할 거야? 말 거야?"
- "내 말대로 할 거야? 말 거야?"
- "이거 얼마나 주고 샀어?"
- "뉴스 볼 거야? 드라마 볼 거야?"

- "엄마 의견에 찬성이냐? 반대냐?"
- "이거 누가 이렇게 했지?"
- "나랑 같이 게임할래?"
- "지금이 몇 시나 되었지?"

직장에서 폐쇄형 질문

- "신제품 출시는 언제 하는 게 좋은가? 이 달인가? 다음 달인가?"
- "누가 이 프로젝트의 책임자죠?"
- "보너스 몇 퍼센트나 나와?"
- "홍 과장은 내 의견을 따를 겁니까?"
- "이 디자인이 좋은가요? 저 디자인이 좋은가요?"
- "이 보고서 완성하는 데 며칠 걸리죠?"
- "그가 떠난 지 얼마나 되었나?"
- "팀장 회의를 오늘 할까? 내일 할까?"
- "노조정책에 찬성하는 거요? 아니면 반대하는 거요?"
- "박 대리는 주인정신이 있는 거야? 없는 거야?"

동기부여형 질문

대학입시를 앞둔 어떤 아이가 시험성적을 받아왔는데 영어만 '가'였다. 영어의 중요성을 잘 알고 있는 아빠는 고심하다 아들에게 이렇게 물었다.

"아들아, 호랑이에게 물려가도 영어만 잘하면 살 수 있다는 말 들어봤니?"

 이 상황에서 야단을 친다거나 놀지 말고 공부나 제대로 하라고 걱정한다고 아이가 달라지지는 않을 것이다. 하지만 걱정을 담아 아이의 입장에서 "혹시 영어만 잘해도 살 수 있다는 말 들어봤니?"라고 물음으로써 스스로를 되돌아보게 만들며, 동기를 부여해 아이와 좋은 관계를 유지할 수 있다.

 당신은 대화 중 상대방 입장에서 질문을 던지는 사람인가. 혹은 기회를 만들어주고 문제를 해결해 나가기 위한 질문을 던지는 사람인가. 그렇다면 당신은 동기부여형 질문자이다. 동기부여형 질문자는 상대방에게 방안을 제시해주고 스스로 문제를 풀어나갈 수 있게 배려하는 유형이다.

 예를 들면 이런 유형이 동기부여형이다.
"이런 방식은 어때요?"
"이런 식으로 하면 비용이 적게 들고 쉽지 않을까?"
"내 생각으로는 이게 좋을 듯한데, 당신의 생각은 어떻습니까?"
 동기부여형 방식으로 질문을 던지는 사람은 자신의 경험이나 지식을 내세우며 나누고자 하는 열의가 있음을 볼 수 있다. 또한 이런 질문을 받는 사람은 질문을 던지는 상대를 멘토로 받아들일 가능성이 크다. 일방적으로 요구하는 스타일이 아니라, 멘토로서 질문을 던짐으로써 교감을 나누며 유익한 대화 분위기를 만들어갈 수 있다.

멘토로서 상대의 마음을 두드리면 상대는 존경심을 갖고 자신의 마음을 열 것이다. 이것이 질문의 비밀이다. 좋은 질문은 좋은 답을 얻고, 그릇된 질문은 그릇된 답을 얻는다. 긍정적인 질문은 긍정적인 응답을 받는다. 부정적인 질문은 부정적인 답을 얻는다. 동기부여형 질문은 상대에게 문제 해결의 열쇠를 나누어주는 스타일이다. 그런 스타일의 사람과 대화를 나누는 사람은 학습 분위기 속에서 자신의 마음을 열고 공감하는 분위기를 연출할 것이 분명하다.

가정에서 동기부여형 질문

- "아빠 생각대로 하면 어떻겠니?"
- "아빠 경험으로는 ~한데, 너는 어떻게 생각하니?"
- "당신 건강을 위해 운동 좀 하는 게 어때요?"
- "생활비 절감을 위해 미리 저축액을 늘리는 것은 어떨까?"
- "내가 알기론 그게 아닌데, 당신은 어떻게 생각하세요?"
- "이런 방식으로 공부하면 성적이 더 오르지 않을까?"
- "당신도 이제는 다이어트 좀 하는 게 어때요?"
- "우리 매주 일요일 등산을 하는 건 어때?"
- "펀드를 저축성 예금으로 바꾸는 건 어떨까요?"
- "건강을 위해서 식단을 채식으로 바꾸어보는 것은 어떨까요?"

직장에서 동기부여형 질문

- "내 경험으로는 이러한데 박 대리의 생각은 어떤가?"

-"우리 팀의 혁신이 제대로 이루어지지 않고 있다고 생각하지 않는가?"

-"다시 한 번 도전해보면 어떨까?"

-"목표가 부족한 게 아니라 열정이 부족한 게 아닌가?"

-"이런 식으로 하면 더 좋은 성과를 낼 수 있지 않을까?"

-"내가 도와줄 만한 일이 무엇인지 말해줄 수 있겠나?"

-"김 부장의 의견을 따르는 게 바람직하다고 생각하지 않는가?"

-"보고서가 늦을 것 같다고 미리 말씀드리는 게 어떤가?"

-"팀원의 의견을 더 모아보는 건 어떤가?"

-"좀 더 개방적인 아이디어를 받아들이는 것은 어떤가?"

"왜?"라는
질문의 덫에서 벗어나라

"왜?"라는 질문은 방법과 비전을 찾기보다 방어하게 만든다.

"왜 이렇게 밖에 못하세요?"
"왜 이렇게 늦는 거야?"
"누가, 왜, 이렇게 했지?"

당신은 시도 때도 없이 이런 "왜?"를 입에 달고 사는가. 그렇다면 당신은 일상 대화 속에 '왜의 덫'에 갇혀 있는 것이다. 입장을 바꿔 놓고 생각해보라. 상대가 당신에게 "왜 늘 당신은 그렇게 말하시죠?"라고 묻는다면 당신은 어떻게 반응할 것인가. 당연히 당신은 방어논리로 나설 것이다. 자신의 논리를 내세우며 때로는 변명하고, 때로는 해명해야 할 필요를 느끼기 때문이다. 예를 들어 자녀에게 "왜 너는 맨날 성적이 그 모양 그 꼴이냐?"라고 묻는다면 자녀들은 어떻게 대답할까. 나름대로 자신의 논리로 방어하려들 것이 뻔하다. 이처럼 "왜?"라는 물음은 공감을 불러일으키기보다는 서로의 주장을 내세우며 대화의 칼날을 주고받는 장으로 변질될 가능성이 있다. 이는 자신에게 던지는 물음에도 마찬가지다.

"왜 내가 이 일을 책임져야 해?"
"왜 이런 실수가 반복되는 거지?"
"나는 왜 가난할까?"
"왜 내가 승진에서 밀려나야 하지?"

이런 물음은 해결책을 찾기보다는 자신의 입지를 변명하고 정당화시키려는 의도가 숨어 있다. 따라서 "왜?"라는 식의 질문법은 해결책을 모색하고, 관계의 질을 향상시키기보다 오히려 부정적인 방향으로 흘러갈 가능성이 크다. 그래서 질문의 초보자들은 대개 "왜?"라는 말로 시작하는 질문을 많이 사용한다. 내가 워크숍을 진행할 때마다 느낀 결과다. 관리자들은 대개 "왜?"라는 질문으로 대화를 시작하는 경향이 강하다. 이에 반해 CEO와 같은 리더 그룹들은 대개 "어떻게?"라는 말로 질문을 던진다는 것을 발견하게 되었다. "왜?"와 "어떻게?"는 상대방이 받아들이기에 천지차이를 드러내는 질문법이다. 당신이 리더의 자리에 있다면, 아니 그런 꿈을 꾸고 있다면 가정이나 직장 등 어느 모임이나 대화에서든 '왜의 덫'에서 벗어나라. "왜?"라는 질문은 단순하고 초보적이며 '말맹'들이 던지는 대화법이라는 것을 명심하라. 일상생활 속에서 대화의 질을 떨어트리고 어색한 분위기로 몰고가는 화법이다. 여기 "왜?"라는 질문으로 어색한 분위기를 만들어가는 사례들을 살펴보라.

가정에서 "왜?"의 질문사례

- "왜 우리집은 저축이 늘지 않는 거야?"
- "왜 우리집은 휴가를 못 가는 거지?"
- "왜 더 큰 집으로 이사를 못 가는 걸까?"
- "왜 당신은 늘상 변화가 없어요?"
- "왜 당신은 취미 생활을 못하는 거야?"

"'왜?'라는 질문은 최대한 삼가는 것이 좋다. 방어적인 사람과 대화를 나눌 때는 특히 조심해야 한다."라고 래니 어레돈도는 지적했다. 참으로 옳은 지적이다. 위의 사례에서 당신이 배우자로부터 "왜 당신은 늘상 변화가 없어요?"라는 질문을 받았다고 가정해보자. 어떻게 대응할 것인가.

"맞아, 난 원래 그래. 타고난 천성인데 어쩌겠어?" 혹은 "알았어, 좀 변해볼게."와 같이 대답하는 사람은 드물 것이다. 변화가 없다는 것은 '당신은 시대에 뒤진 사람.'이라거나 '이제는 당신에게서 신선한 맛을 느낄 수 없다.'라는 의미로 해석될 수 있기 때문이다. 이 물음은 몇 년 전 아내가 내게 던진 질문이었다. 그때 나는 이렇게 방어하며 소리쳤던 것으로 기억된다.

"그러는 당신은 왜 그 타령이야?"

이거야말로 여자들의 잠자는 자존심을 건드린 꼴이다. 결과는 뻔하다. 말다툼으로 이어졌으니 말이다.

직장에서 "왜?"의 질문사례
- "왜 보고서가 이렇게 늦는 거야?"
- "왜 당신은 늘 실적이 부진하지?"
- "왜 우리 팀이 이 문제에 책임을 져야 하는 거야?"
- "왜 우리 회사는 복지제도가 엉망이지?"
- "왜 모두들 열정이 없는 거야?"

직장에서 이런 질문을 받았다면 당신은 의기소침하게 되고 회사에 대한 충성심보다는 자신의 논리를 내세우기 위해 머리를 쥐어짜야 할 것이다. 방법과 비전을 찾기보다는 우선 방어하는 것이 순리라고 여겨진다. 이것이 '왜라는 질문의 덫' 이다

자녀에게 하는 "왜?"의 질문사례
- "왜 성적이 오르지 않는 거야?"
- "왜 용돈을 그렇게 많이 쓰는 거야?"
- "언제 철이 들거니?
- "왜 매일 게임에 빠져 있는 거니?"
- "왜 부모님 말을 그렇게 안 듣는 거니?"

대부분의 가정에서 이루어지는 질문형태의 대화지만 이런 질문으로 시작하는 가정의 자녀들은 마음을 열기는커녕 오히려 제 방으로 들어가 꼭꼭 숨어 버린다. 이것은 자녀들에게 문제가 있는 것이 아

니라, 스스로를 방어하게 만드는 당신의 잘못된 대화법에 문제가 있다. 이처럼 "왜?"로 시작하는 질문법은 상대에게 책임을 전가하기도 하고, 때로는 공격적인 성향을 드러내게 된다. 그러니 기왕이면 "왜?"라고 몰아세우지 말고 "어떻게?"라는 질문법으로 대화를 이어가라.

"어떻게?" 라는 질문의 그물을 던져라

질문만 바꿔도 대화가 달라진다.

루즈벨트 대통령이 한 기자로부터 질문을 받았다.
"대통령께서는 스트레스를 받으면 어떻게 하십니까?"
"아, 나는 휘파람을 분다네."
"그런데 아무도 대통령께서 휘파람 부는 것을 본 사람이 없다는데요?"
"그야 아직 스트레스를 받은 적이 없으니까 그렇지."
이 기자처럼 "어떻게?" 라는 질문을 통하여 자연스럽게 상대의 마음을 열고 다가설 수 있다. 예를 들면 다음과 같이 시작할 수 있다.

"어떻게 하면 그 문제를 쉽게 풀 수 있겠습니까?"
"내가 어떻게 도와줄 수 있을까요?"
"어떻게 하면 우리 팀이 1등 할 수 있을까?"

"이 상황을 어떻게 헤쳐나갈 수 있습니까?"

만약 당신이 이런 질문을 던지며 대화를 리드하려 한다면 당신은 틀림없이 "어떻게?"라는 비전을 나누는 말의 달인이다. "왜?"라는 질문에 비하여 "어떻게?"라는 질문은 서로의 공조를 확인하고, 비전을 나누며, 공감할 수 있는, 신뢰감을 높여주는 화법이다. 어떤 문제를 놓고 대화할 때 "어떻게?"라는 말을 자주 던지면서 해결책을 모색하면 분명 대화의 질을 개선하고 상호간 벽 없는 대화를 만들어갈 수 있다. 게다가 이 기법은 긍정적인 뉘앙스를 풍기면서 상대로 하여금 긍정적인 답변을 유도하는 의미가 있다. 예를 들어, 보고서가 늦어지는 팀원들에게 "그 보고서는 왜 이렇게 늦는 겁니까?"라고 물을 때와 "보고서가 늦는데 어떻게 하면 빨리 완성할 수 있을까요?"라고 물었을 때 팀원들의 반응은 어떻게 달라질까. 당연히 후자의 질문을 받은 팀원들은 더 열의를 갖고 능동적으로 일에 참여할 것이다.

질문만 바꿔도 대화가 달라진다. 당신이 리더라면, 혹은 그런 자리를 노린다면 당장 "왜?"라는 질문법을 집어던지고 "어떻게?"라는 문장으로 대화를 리드해 나가라. "왜?"라는 질문은 앞에서 설명한 검사형 질문법이고, "어떻게?"라는 질문은 변호사형 질문법에 해당한다. 당신은 변호사형인가, 검사형인가. 어떤 모임에 나가든, 회의에 참석하든, 협상에 임하든 당신은 그들을 돕고 비전을 나누는 변호사가 되어야 한다. 그러기 위해서는 늘 "어떻게?"라는 물음으로 대화를 리드해 나가야 한다는 것을 명심하라. 그럼 위에서 말한 "왜?"라는 질문유형을 "어떻게?"라는 질문 유형으로 바꾸어보자.

분명 능동적이고 긍정적인 반응을 이끌어낼 수 있을 것이다. 게다가 단숨에 상대를 당신 편으로 만들 수 있다는 것을 명심하라.

가정에서 "어떻게?"의 질문사례

- "어떻게 하면 휴가를 갈 수 있을까?"
- "어떻게 하면 더 큰 집으로 이사를 갈 수 있을까?"
- "어떻게 하면 당신이 변할 수 있을까?"
- "어떻게 하면 취미 생활을 할 수 있을까?"

"왜?"라는 질문은 책임을 추궁하듯이 상대를 몰아세우지만 "어떻게?"라는 질문은 서로 공감하며 해결책을 모색하려는 의지를 전한다. 따라서 상대로부터 호감을 얻을 수 있고, 신뢰지수를 높여나가는 비전을 나눌 수 있다. 이처럼 '말맹' 탈출은 단어만 바꿔도 가능하다는 것을 명심하라. 어떤 상황에서도 긍정적인 대화 분위기가 성공적인 대화를 만들어간다는 것을 명심하라. "어떻게?"라는 질문식 대화는 발전적인 방향을 모색하고, 서로의 문제를 공유하며, 공감할 수 있는 여지를 만들어나간다.

직장에서 "어떻게?"의 질문사례

- "어떻게 하면 보고서를 빨리 만들 수 있는 거야?"
- "어떻게 하면 당신의 실적을 높일 수 있을까?"
- "어떻게 하면 우리 팀이 이 문제에 대하여 책임을 질 수 있을까?"
- "어떻게 하면 회사의 복지제도를 개선할 수 있을까?"

-"어떻게 하면 우리 모두 열정이 강해질까?"

　특히 직장에서 "어떻게?"라는 질문식 화법은 상대의 호감을 이끌어내고 팀워크를 강화시킬 수 있는 에너지가 될 수 있다. 당신이 만약 상사로부터 "왜 보고서가 이렇게 늦는 거야?"라는 질문을 받았을 때와, "어떻게 하면 보고서를 빨리 완성할 수 있을까?"라고 질문을 들었을 때 어떤 유형의 상사에게 충성심을 보이고, 마음의 문을 열고, 대화할 수 있겠는가. 당연히 후자의 상사에게 마음을 열 것이다. 따라서 "왜?"라는 질문 화법은 상대의 마음을 닫게 하고 "어떻게?"라는 질문식 화법은 상대의 마음을 열게 한다. 명심하라. 상대가 마음을 열지 않고 하는 대화는 신뢰성이 없다.

자녀에게 하는 "어떻게?"의 질문사례

　-"어떻게 하면 성적이 오를까?"
　-"어떻게 하면 용돈을 좀 줄일 수 있겠니?"
　-"어떻게 하면 철이 들겠니?"
　-"어떻게 하면 게임하는 시간을 줄일 수 있겠니?"
　-"어떻게 하면 부모님 말을 잘 들을 수 있겠니?"

　요즘 우리 사회의 큰 문제는 대화의 단절이다. 이는 가정에서부터 출발한다. 예전보다 부모나 자녀, 혹은 자녀들끼리도 대화의 기회가 줄고 있다. 한 지붕, 한솥밥을 먹으면서 대화가 사라지고 있다. 보통 심각한 문제가 아니다. 그 원인이 어디에 있다고 보는가. 나는 주저 없이 그 원인이 인터넷의 보급과 첨단 정보통신기기의 발달에 있다고 말한다. 예전에는 아이들의 친구가 누구이며, 그들이 요즘 어떤 일에 관심을 갖고 있으며, 주로 어디에서 만나 무슨 일을 하는지 알 수 있었다. 그런데 요즘 아이들은 각자 자기 방에서, 자기 핸드폰으로 통화하고, 자기들만의 얘기를 나누고 있으니, 무슨 일을 즐기고, 누구를 만나는지 통 알 수가 없다. 사이버 접속은 늘어나는데 인간적인 접촉은 줄고 있다. 접속만으로는 공감할 수 있는 커뮤니케이션이 이루어질 수 없다. 그것은 우리가 점점 기계화되어 간다는 반증일 뿐이다.

이런 아이들에게 "왜 너는 공부를 못하느냐?"고 묻는다면 반항심만 불러올 가능성이 크다. 아이들 입장에서 "어떻게 하면 성적이 오를 수 있겠니?"라며 인간적인 정서를 자극한다면 아이들이 마음을 열지 않을까.

가정에서 컴퓨터나 핸드폰 접속 횟수를 줄이고, 얼굴을 맞대고 접촉하는 기회를 만들어가는 것이 '말맹' 탈출의 길이며, 가정을 행복하게 만드는 대화법이다.

당신이 누구이며, 당신의 능력이 무엇인지는 오늘 당신이 던지는 말에 의하여 결정된다. 아니 '말은 곧 당신 자신'임을 잊지 마라.

당신이 아무리 가진 것이 많고, 높은 자리에 올라 있다 하더라도 여전히 당신이 하는 말은 당신 자신이다.

"언어는 존재의 집."이라고 하이데거는 말했다. 그러니 당신이 어떤 집에서 살 것인가를 결정하라. 당신이 무심코 던지는 말에 세심한 주의를 기울여 그 말이 당신의 존재를 세상에 알리는 것이다. 그리고 어떤 집에 살고 싶은지 결정하라. 게다가 어떤 집에 이웃을 초대하고 싶은지 말하라.

대화 중에 핵심을 찌르는 질문만으로도 이기는 경우가 있다. 허를 찌르는 것이다. 허를 찌르는 기술은 상대가 방어하지 못하는 영역이나, 감당하지 못할, 예상치 못한 송곳 같은 질문을 말한다. 그런데 바보는 늘 혀를 찌른다. 말로 상처를 주는 경우가 여기에 해당된다. 혀를 찔린 상대는 피를 흘리며 덤벼들 것이다. 혀를 찌르지 말고 허를 찌르라. 허를 찌르기 위해서는 대화의 흐름을 쥐고 맥을 잡을 줄 알아야 한다. 프로와 포로의 차이는 점 하나의 차이다. 허를 찌르느냐, 혀를 찌르느냐에 따라 승패가 결정된다.

7
예수의 질문법을 배워라

예수의 질문법은 스스로 깨닫고 답하게 만든다.

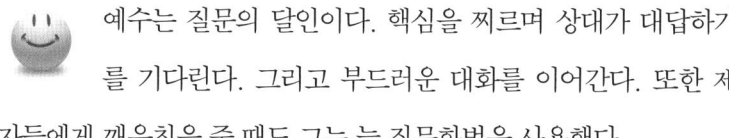

 예수는 질문의 달인이다. 핵심을 찌르며 상대가 대답하기를 기다린다. 그리고 부드러운 대화를 이어간다. 또한 제자들에게 깨우침을 줄 때도 그는 늘 질문화법을 사용했다.

예수는 "너희는 내가 누구라고 생각하느냐?^{마르8:29}"라고 묻는다. 이 물음에 베드로는 이렇게 말한다.

"스승님은 그리스도이십니다."

예수는 이처럼 "자신이 누구다."라고 스스로 말하지 않는다. 게다가 나는 하느님의 아들이니, 나를 믿으라고 강요하지 않았다. 그저 간단히 "내가 누구라고 생각하느냐?"라는 질문을 통하여 자신이 하고자 하는 말을 다한 것이다. 게다가 질문을 받은 베드로는 예수가 원하는 대답을 주저 없이 한다. 이것이 공감의 원칙이며, 공감 커뮤니케이션의 극치를 말해준다.

예수처럼 질문화법으로 성공하기 위해서는 상대의 마음을 잘 읽고 대화의 맥을 잘 짚어야 한다. 또한 대화의 흐름을 쥐고 자신이 원하는 방향으로 이끌 수 있는 능력이 있어야 한다.

"너희는 나를 누구라고 생각하느냐?"

이 같은 예수의 물음이 나온 배경을 알아야 한다. 예수는 카이사리파필리피 마을을 향해 가면서 제자들에게 "그곳 사람들은 나를 누구라고 생각하느냐?"라고 묻는다. 제자들은 '세례자 요한'이라고도 하고, '엘리야'라고도 하고, 또 어떤 사람들은 '예언자 중의 한 사람'이라고 말한다고 전해준다. 물론 전부 틀린 얘기다. 이 말을 듣고 내가 누구인가를 제자들에게 알리고 싶었고, 또 제자들은 나를 어떻게 믿고 따르고 있는가를 알고 싶었을 것이다. "나는 그런 사람이 아니다."라는 것을 제자들에게 깨우쳐주고 싶었을 것이다. 이 대목에서 나온 질문이 "그러면 너희는 나를 누구라고 생각하느냐?"이다.

질문의 생명은 순간 포착에 있다. 정확한 시점에 맥을 짚어야 질문이 살아난다. 상대의 허점을 치고 들어야 원하는 목표를 이룰 수 있다. 아마 예수가 길거리에서 제자들과 이런 대화를 나누고 저녁에 밥을 먹다가 갑자기 "너희는 나를 누구라고 생각하느냐?"라고 물었다면 제자들은 어떤 반응을 보였을까?

예수의 질문기술은 핵심적인 메시지를 말하지 않고, 스스로 그 메시지를 해석하여 받아들이게 만드는 최고의 화법이라 할 수 있다.

최고의 성과, 원하는 답을 기대한다면 당신의 말을 전하지 말라. 다만 상대방이 답하지 않을 수 없는 질문기법으로 상황을 통제하라.

"평안하냐?" 마태 28:9

예수의 이 함축적인 물음에는 놀라운 메시지가 들어 있다. 이 '네 단어, 한 문장'이 예수 부활의 신비를 드러내기 때문이다. 마리아 막달레나와 다른 마리아가 예수의 무덤에 갔지만 텅 비어 있는 것을 발견하고 놀란다. 게다가 생전에 "나는 부활할 것."이라는 예수의 말을 기억하고 마음의 안정을 찾을 만큼 여유를 가질 수 없었다. 더욱이 정말 예수가 다시 살아났다는 것을 눈으로 보기 전에는 믿을 수 없었다. 천사가 나타나 아무리 그 분은 되살아나셨다고 말해도 반신반의하는 것이 인간적인 본능이다. 그런데 예수께서 그들에게 나타나 "평안하냐?"라며 묻는다. 이 물음은 나는 너희들에게 말한 대로 이렇게 다시 살아났으니, 두려워하지 말고 믿으라는 말보다 더 함축적이며, 강한 메시지가 들어 있다. 부활이 현실이며, 늘 내가 너희와 함께한다는 메시지를 던진다.

이처럼 예수께서는 부활하고 처음으로 던진 어법이 질문형 대화였다.

"평안하냐?"

이 질문은 2천 년 넘게 지금도 우리들 귀에 들린다. 이 문장 하나로 예수는 자신이 부활했음을 만천하에 메시지로 드러내게 된다. 만약에 예수가 "나 여기 살아 있다. 자, 똑똑히 보아라."라고 명령형의 대화를 시작했다면 어떤 느낌을 받았을까. 이 같은 질문형 대화 기법은 자신의 메시지를 강하게 전하면서 상대에게 많은 것을 생각하게 하는 뉘앙스를 풍긴다.

"너희는 아직도 깨닫지 못하느냐?" 마태 15:16

이 말을 "왜 너희는 아직도 그런 것을 깨닫지 못하느냐?"라고 물었다면 제자들은 반감이 들거나 아니면 움츠려 들었을 것이다. 하지만 예수는 좀 더 부드러우면서 완곡한 표현으로 질문한다.

"너희는 아직도 깨닫지 못하였느냐?"

이미 깨달았어야 하는데 너희들은 아직 그것을 깨닫지 못하고 있다는 뉘앙스를 풍기고 있다. 이처럼 예수의 질문법은 간접적이면서 완곡하고 그 안에 전달하고자 하는 메시지가 숨어 있다. 듣는 사람으로 하여금 부담을 느끼지 않고, 따르게 하는 마법의 질문기법이 여기에 있다.

"핵심을 찌르는 질문 하나가 전광석화 같이 빠르고 강한 파괴력을 발휘한다."고 제임스 C. 흄스는 말했다. 이처럼 예수는 날카롭고 예리한 질문을 제자들에게 던짐으로써 그들과 하나가 되고 정서를 교류하는 기술을 발휘했다.

"너는 사람의 아들을 믿느냐? 요한 9:36."

이 말을 통하여 믿음이 약함을 가르치고, 예수 자신이 사람의 아들임을 은근히 드러낸다. 나는 사람의 아들이니, 당장 나를 믿으라고 일방적으로 말했다면 사람들은 예수의 말에 의문을 가질 수도 있을 것이다. 이것이 대화에서 질문이 갖는 마력이다. 질문 자체가 대화이며 질문하는 자가 대화를 리드해 나간다는 것이다.

"너희의 믿음은 어디에 있느냐?루카 8:25."

제자들과 배를 타고 호수를 건너는 과정에 돌풍이 불어 배가 흔들리고 전복될 위기에 처했다. 저희들이 죽게 되었으니 살려달라고 제자들이 말하자 예수는 간단하게 되묻는다.

"너희의 믿음은 어디에 있느냐?"

만약 겁에 질려 허둥대는 제자들을 보고 "걱정하지 마라. 내가 구해주겠다. 내가 있지 않느냐?"라고 말했다면 제자들은 예수를 그저 인간적인 차원으로만 받아들였을 것이다. 하지만 그 상황에서도 당황하지 않고 "너희의 믿음이 약하구나. 왜 이리 흔들리느냐?"라고 말하는 것으로 보아 오히려 제자들을 설득하고, 믿음의 신비를 깨닫게 해주었다.

이처럼 상황에 따라 어떤 질문화법으로 대화를 리드하느냐가 얼마나 리더십을 발휘하느냐와 일치한다. 예수의 질문화법은 그 안에 많은 메시지를 담고 있음을 볼 수 있다. 간단하면서 핵심적인 메시지를 포장하여 순간을 파고들어 가는 질문화법이야말로 당신을 '말맹'으로부터 탈출하게 만들어주는 마법의 언어가 될 것이다.

8
재치 있는 질문으로
대화를 역전시켜라

진정한 대화란 자신의 집을 떠나 다른 이의 집을 노크하는 것.

 질문만 잘해도 톱리더가 될 수 있다. 여기서 리더란 타이밍을 잘 맞추는 질문, 상황에 적합한 질문, 장소에 어울리는 질문을 하라는 것이다. 이러한 질문의 3박자만 잘 맞추어도 대화를 부드럽게 리드해 나갈 수 있다. 여기다 한 가지 추가한다면 질문은 핵심을 찌르는 간단한 문장이어야 한다. 가능한 한 단문으로 질문 문장이 이루어져야 한다. 다음의 예를 보면 어떤 질문이 설득력이 있으며, 공감하는 대화를 리드해 나가는가를 알 수 있다.

"그렇다면 당신의 요구사항은 무엇입니까?"
"그렇다면 당신의 요구사항은 무엇이며 그 이유는 무엇인지 말씀해주시겠습니까?"

아마 당신이 첫 번째 문장으로 누군가와 협상을 한다면 쉽게 대답할 수 있을 것이다. 하지만 두 번째 문장으로 질문을 받는다면 대개 망설이게 되고, 답변을 정리하느라 머릿속이 복잡할 것이다. 답변하는 시간이 길다는 것은 부담을 갖는 것을 말한다. 당신이 두 번째 문장으로 누군가에게 질문을 던진다면 대부분의 사람들은 답변을 하다가 이렇게 되물을 것이다.

"그런데 또 한 가지 질문은 무엇이었죠? 죄송하지만 다시 한 번 더 말씀해주실 수 있습니까?"

이런 매끄럽지 못한 대화는 국가 간 정상회담을 끝내고 하는 공식 기자회견에서도 종종 볼 수 있다. 기자가 한 번에 너무 많을 것을 묻기에, 답변하다가 질문의 핵심을 잃고 방황하게 되는 경우 말이다.

대화 중에 누군가가 부담을 가지면 원활한 분위기에서 윈-윈할 수 있는, 공감을 나눌 수 없다. 그러니 당신이 협상에 나선다거나 누군가와 대화를 할 때는 가능한 한 첫 번째 문장의 질문을 던져라. 그리고 굳이 두 번째 문장으로 질문을 해야만 할 상황이라면 이런 문장으로 두 번 물어라.

"그렇다면 당신의 요구사항은 무엇입니까?"

답변을 듣고 나서 계속해서 이렇게 물어라.

"그럼 그 이유는 무엇인지 말씀해주시겠습니까?"

이렇게 단문으로 나누어 묻는다면 대화의 맥을 살리면서 좀 더 부드러운 분위기를 이어갈 수 있을 것이다.

"진정한 대화란 자신의 집을 떠나 다른 이의 집을 노크하는 것."이라고 알베르 까뮈는 말한다. 까뮈의 지적은 지당하다. 대화란 나를 떠나 상대의 집으로 떠나는 기술이다. 문제는 어떻게 남의 집을 노크하느냐에 있다. 나의 옷차림이나 내 방식대로 함부로 말하고 뒹굴어서는 안 된다. 질문 잘하는 기법을 알아보자.

타이밍을 맞추어라

나는 리더십 강의 중에 고정관념을 깨야 한다는 대목에서 늘 이런 질문을 던진다. 이 질문보다 고정관념을 깨는 것이 중요하다는 것을 깨닫게 해주는 설득 문장은 없다고 생각하기 때문이다.

"여러분은 머리 감을 때 어디부터 감으세요?"

그럼 대부분의 사람들은 이렇게 말한다.

"나는 뒤부터 감는다."

"나는 앞머리부터 감는다."

"손 가는 대로 감는다."

수강생들의 얘기를 다 듣고나서 나는 이렇게 말한다.

"머리 감을 때 눈부터 감습니다."

그럼 사람들은 한바탕 웃는다. 난센스의 뉘앙스를 풍기지만 이것은 사람들이 얼마나 고정관념에 갇혀 있는가를 알려주는 것이라는 메시지가 있다. 여기서 중요한 것은 질문이 아니라 질문의 타이밍이다. 만약 다른 주제를 이야기하는 중에 "머리 감을 때 어디부터 감으세요?"라고 물으면 웬 뚱딴지같은 소리하느냐고 말할 것이다.

어느 날 조카에게서 이런 질문의 타이밍이 얼마나 중요한가를 배울 수 있었다. 조카가 초등학교 1학년 때의 일이다. 저녁을 먹는데 갑자기 학교 얘기를 꺼내더니 이렇게 말했다.

"삼촌, 오늘 학교에서 교장선생님께 조회시간에 혼났어."

"그랬어? 왜 혼났는데?"

"학교 다니면서 자기가 다니는 학교 욕하는 놈은 짐승만도 못한 놈이래."

그런데 갑자기 조카 녀석은 절묘하게 타이밍을 맞춰 되물었다.

"그런데 짐승만이가 누구야?"

이 얼마나 순간 포착에 뛰어난 질문인가. 만약 다른 시간에 "짐승만이가 누구야?"라고 묻는다면 이 역시 뚱딴지 같은 소리임에 틀림없다.

대화 중에 타이밍이 뛰어난 질문을 하기 위해서는 상대방의 의중을 제대로 파악하고, 대화를 자기방식으로 요리할 수 있는 능력이 있어야 한다. 가능한 한 자기주도 방식으로 이끌고 가야 적절한 타이밍에 핵심적인 질문을 던지면서, 원하는 것을 얻어낼 수 있다. 명심하라. 당신이 던지는 질문이 아무리 가치 있고 중대한 것이라 해도 타이밍을 놓치면 대화 분위기가 반감되고 오히려 어색해질 수 있다.

상황을 파악하라

말의 달인은 상황판단에 뛰어난 감각을 갖고 있다. 아무리 말을 잘해도 상황판단을 잘못하면 대화에서 얻을 것이 없다. 특히 당신이 협상 테이블에 앉아 있거나 이해관계가 얽힌 대화를 주도해야 하는 자리에 있다면 상황판단이 대화의 승부를 결정한다.

어떤 사진작가가 식당에 갔다 그는 자신이 찍은 사진을 직원에게 보여주며 자랑했다. 그런데 그 직원이 이렇게 묻는 것이었다.
"사진 잘 나왔네요. 카메라를 좋은 거 쓰시나봐요?"
화가 머리까지 치밀어오른 사진작가는 태연한 척 식당을 나서며 이렇게 말했다.
"저녁 참 맛있게 먹었습니다. 냄비 좋은 거 쓰시나보죠?"
식당직원이 의도적으로 사진기술보다는 카메라가 좋다고 말하지는 않았을 것이다. 하지만 자신의 사진을 자랑하며 뽐내던 사진작가의 입장에서 보면 보통 불쾌한 일이 아니었을 것이다. 그래서 그는 나오면서 좋은 냄비 쓰느냐고 되받아친 것이다.
이처럼 상황에 맞는 말이 얼마나 중요한가를 엿볼 수 있다. 말은 상황을 벗어나면 엉뚱한 결과를 가져온다. 따라서 대화를 리드해 나가는 질문화법은 상황에 적합하고, 상황을 반전시킬 수 있는 치밀한 계산에서 이루어져야 한다. 어떠한 질문을 던지느냐가 당신이 곧 어떠한 사람인가를 말해준다.

저명한 인류학자 두 친구가 술에 취해 토론했다.
"자네는 인류의 조상이 누구인지 알지?"
"그야 당연히 원숭이 아닌가."

"그럼 인류의 후손도 알겠구먼?"

"그야 당연히 우리들 자손이지."

그러자 한 친구는 답답한 소리 말라며 말했다.

"인류의 후손은 강아지라네."

"아니 왜 하필 강아지인가?"

"애는 안 낳고 강아지만 기르니 누가 우리 뒤를 잇겠나!"

당신이 '말맹'을 탈출하려면 우선 나와 상대를 제대로 알고, 주요 이슈가 무엇인지를 알아야 한다. 그리고 명심하라. 질문의 맥을 잡지 못하면 과녁 없이 아무 데나 대고 활을 쏘아대는 궁수와 같다.

"질문이란 상대를 내 안에 가두는 틀."이라고 마사히코 쇼지는 말한다. 질문을 통해서 상대를 내 안에 끌어들여야 한다. 명심하라. 질문만 바꿔도 인생이 달라진다. 이와는 반대로 상황을 판단하여 제대로 질문을 했는데 상대방에게 엉뚱한 답을 들었을 때도 문제다. 이 상황을 매끄럽게 통제하고 리드해 나가는 것이 진정한 말의 달인이라 할 수 있다.

물만 먹어도 살이 찐다고 믿는 여자가 있었다. 그녀는 살찌는 것이 무슨 질병과 연관이 있을 거라 믿으며 병원을 찾았다. 의사가 봐도 엄청난 비만이었다. 우선 의사는 그녀를 체중계에 오르게 했다.

"엄청난 몸무게입니다. 그런데 가장 적게 나갈 때가 몇 킬로그램이었죠?"

의사는 심각하게 물었다. 그러자 그녀는 이렇게 말했다.

"3.3킬로그램이요."

의사는 말문이 막혀 당황할 수밖에 없었다.

여기서 당신이 의사라면 어떻게 대처하겠는가. 제대로 병원 진찰실에서 상황에 맞는 질문으로 대화를 리드해 나가는 데는 성공했다. 그런데 상대는 엉뚱한 답으로 응했다. 이런 상황을 통제하고 리드해 나갈 수 있는 대화의 기술이 진정한 '말맹' 탈출의 기술이다.

대부분의 사람들은 질문만 던질 뿐 상대의 대답에 적합한 제2의 질문을 던지는 데는 실패하는 경우가 많다. 가장 몸무게가 적게 나갈 때는 3.3킬로그램이었다고 재치 있게 말할 때 좀 더 세련되게 치고 나갈 수 있어야 한다. 예를 들면 "역시 유머감각이 뛰어나시니 여유가 있다보니 살이 찌신 거군요. 그런 유머감각이라면 200킬로그램이 나가도 건강에는 문제가 없을 겁니다."라고 말한다면 의사의 입장에서 대화를 리드하게 될 것이다.

장소에 어울리는 언어를 택하라

'상갓집에 가서 혼인 얘기한다.'는 속담이 있다. 이는 장소를 가려서 말하라라는 의미다. 말은 제 장소를 만나지 못하면 의미를 상실한다. 게다가 말한 사람의 혀를 당황스럽게 만든다. 말이 제 장소를 만나야 빛을 발할 수 있다.

어느 직장인이 상사 부모의 문상을 가게 되었다. 중요한 분이라

부인도 함께 나섰다. 그런데 어떻게 위로해야 할지 고민이 되었다. 부인과 상의 끝에 나름대로 위로의 말을 마음속으로 단단히 준비했다. 고인에게 절을 하고 돌아서니 상주가 한두 분이 아니었다. 검은 양복을 입은 상주들이 서 있는 것을 보자 그는 당황하여 미리 준비한 위로의 말을 잊어버렸다. 잠시 서로 얼굴만 마주보다 이렇게 말해버렸다.

"잘 지내시죠?"

이런 질문을 받은 상주도 당황한 나머지 이렇게 말해버렸다.

"또 오세요."

말이 장소를 만나지 못하니, 그것은 실수를 넘어 조소가 되고 말았다. 이처럼 말을 잘한다는 것은 미사여구를 늘어놓는 것이 아니라, 때와 장소를 제대로 찾아야 한다는 것이다.

반대로 다음의 경우는 말이 장소를 제대로 만나 빛을 본 경우다.

어느 초등학교 교실에서 선생님이 숙제 검사를 하고 있었다.

"숙제 안 한 사람 손 들어봐요."

한 여자아이가 손을 번쩍 들었다.

"왜 숙제 안 했어요?"

"엄마가 아프셔서 못했어요."

"그럼 엄마 병 간호하느라 못했니?"

그러자 그 아이는 그게 아니라며 이렇게 말했다.

"엄마가 아프시기 전에는 늘 숙제를 해주셨거든요."

"아름다운 질문을 하는 사람은 언제나 아름다운 대답을 얻는다."
고 커밍스는 말한다. 때와 상황, 그리고 장소에 맞는 언어를 찾아라.
그리고 질문하고 설득하라. 그러면 당신도 대화의 달인이 될 것이다.

유머처방전
질문의 달인이 되는 법

지금까지 배운 내용을 중심으로, 당신이 질문의 달인에 이르는 비결을 정리해보자. 날카로운 질문 하나가 상대를 제압할 수 있으며 대화를 리드할 수 있다. 또한 협상에서 상대를 내 편으로 끌어들일 수 있다. 그럼 다음의 물음에 답하며, 질문의 달인에 이르는 당신만의 비결을 터득해보라. 질문하는 데 어려움이 있다면 그것은 무엇인가? 그리고 당신은 그 어려움을 극복하기 위하여 어떤 노력을 기울이는가? 상대방이 일방적으로 밀어붙이는 대화스타일이라면 어떻게 대화 주도권을 잡을 수 있을 것인가. 끝까지 그의 말을 경청할 것인지, 아니면 적절한 질문기법으로 대화 분위기를 잡을 것인가. 이런 상황에서는 다음과 같은 질문기법을 익혀라.

- 가능한 한 긍정적인 의도로 질문한다.
- 재치 있는 유머로 대화 분위기를 익혀 나간다.
- 상황에 맞는 유머를 통하여 질문한다.
- 짧고 간단하게 질문한다.
- 질문 타이밍을 잡기 위해 노력한다.
- 상대가 말을 다 쏟아내도록 유도하는 질문을 한다.
- 끌려가는 질문이 아니라, 상대를 끌어오는 질문을 한다.
- 상대방이 웃을 수 있는, 재미있는 질문거리를 준비한다.
- "왜?"라고 몰아부치지 말고 "어떻게?"라는 질문화법을 사용한다.
- 상대의 말에 공감하고 있다는, 메시지를 담은 질문을 한다.

제4장
유머로 설득해야 이길 수 있다

유능한 사람은 쉽고 재미있게
유머로 말한다.

1
강호동처럼 유머 있게 말하라

나는 그를 '재치 선수, 유머 설득가'라 부른다.

 강호동을 바라보는 많은 국민들이 갖는 의문이 있다. '어떻게 씨름 선수 출신이 저렇게 말을 잘할까.'이다. 만약 씨름 선수로 계속 남아 있었다면 이 또한 국민적인 손실이었으리라. 그의 말솜씨가 워낙 뛰어나기 때문이다. 물론 씨름 선수로서 대성할 수 있는 역량이 있었다 해도 지금만은 못했으리라는 짐작이 간다.

그는 목소리가 워낙 커 어떤 때는 TV를 보다가 시끄러워 채널을 돌린 적도 있다. 소음처럼 들렸기 때문이다. 그런데 그것이 그의 장점이다. 그냥 소리만 지르는 것이 아니라, 그 소리 안에 재치와 재미, 유머를 담고 있기 때문이다. 게다가 그는 보이스 파워를 100% 살려 그 안에 목소리 톤, 높낮이 조절, 재치가 3박자를 이루어 절묘한 말잔치꾼으로 돌변한다. 그래서 그는 뻔뻔하게 소리 지르는 사람이 아니라, 편편하게 깔깔거리는 사람이다. 그것이 강호동을 국민적인 스타로 만든 이유다.

혹자는 그의 사투리와 따발총 같은 말 스피드 때문에 알아듣기 힘들다고 말할지 모르지만 이들도 모두 그의 재치, 순발력, 유머는 인정한다. 그래서 나는 그를 '재치 선수, 유머 설득가'라 부른다. 또한 그만이 갖는 특유의 카리스마가 있다. 단지 웃기는 감각만이 아니라, 그는 언제나 솔직 담박한 맛을 느끼게 해준다. 그의 말을 분석해 보면 거의 70% 정도는 유머 섞인 언어다. 언어선택이 탁월하다는 얘기다. 이것이 그를 국민 MC로 만든 저력이다. 또한 그만이 갖는 유머 추임새에는 어떤 상대와 대화를 하더라도 상대를 쉽게 설득할 수 있는 마력이 숨어 있다. 또한 그는 늘 입이 열려 있다. 그 입안에는 침보다 오히려 재미있는 단어들이 많이 들어 있어 놀랍다. 그의 펑퍼짐한 이마에 있는 웃음 주름살은 카리스마가 있다. 재치, 유머, 설득의 대가인 그의 대화 기법은 다음과 같이 세 가지로 요약할 수 있다.

첫째, 무엇을 말할까보다 어떻게 말할까가 더 중요하다.

그의 말을 들어보면 내용적인 면 이상으로 말재주, 설득기술이 뛰어남을 볼 수 있다. 메시지보다 전달 기술이 뛰어나다. 그것이 그의 캐릭터가 되고 있다. 화술이라는 것은 말하는 기술, 즉 어떻게 메시지를 전달할 것인가를 결정하는 것이다. 무엇을 말하는가보다 어떻게 말하는가가 더 중요하다는 것이다. 신뢰는 메시지에서 나오는 것이 아니라, 말하는 사람의 태도에서 나오기 때문이다. 말하고자 하는 메시지는 물과 같다. 어떻게 말하는가는 물을 담는 그릇이다. 물은 어떤 그릇에 담느냐에 따라 모양과 색깔이 결정된다. 상대가 당신을 신뢰하는 것은 말의 내용보다는 우선 당신을 신뢰하기 때문이라는 것을 명심하라. 이것이 강호동을 통하여 배울 수 있는 대목이다. 아무리 좋은 내용을 말해도 말하는 사람의 태도를 믿을 수 없다면 그 말은 이미 죽은 것이나 다름없다. 그는 재치와 유머로 어떻게 말할 것인가를 증명해주고 있다.

둘째는 쓰리타이밍 화법이다.

재치 있게 말을 잘하는 사람은 대화 도중에 타이밍을 기막히게 찾아낸다. 재치의 생명은 타이밍이기 때문이다. 타이밍을 제대로 잡아야 공격할 때와 물러날 때, 질문할 때와 수긍할 때를 제대로 파악할 수 있다. 게다가 유머의 위력은 타이밍에 있다. 경우에 따라서 유머는 타이밍을 놓치면 아무런 의미가 없다. 대화는 끌고당기는 시소게임이다. 오르고 내릴 때를 아는 타이밍 전략이 이기는 대화로 이끈다. 강호동은 이런 타이밍 찌르기의 선수다. 그는 기막히게 타이밍을 찾아 치고 들어간다. 씨름 선수 출신답게 그에게는 상대의 허점을 노리는 기술인 호미걸이가 대화 설득 기술에도 적용되는가 보다. 강호동을 통하여 재치 있는 대화의 생명은 첫째도 타이밍, 둘째도 타이밍, 셋째도 타이밍이라는 것을 알 수 있다. 그래서 쓰리타이밍 화법은 그만이 갖는 독특한 기술이다.

셋째는 4P화법으로 말하기다.

강호동의 설득 화법을 분석해보면 4P화법이 핵심이다. 우선 누구

People에게 말하는지가 명확하다. 그래야 그 상대에 어울리는 맞춤식 언어를 구사할 수 있다. 말하는 목적Purpose을 알아야 한다. 대화의 목적을 분명히 알면 제대로 대응할 수 있고, 설득할 수 있다. 준비Prepare하는 만큼 조리 있게 말할 수 있다. 충분한 자료와 이야기, 유머 등을 준비하면 즐거운 대화가 될 수 있다. 열정적으로Passion으로 말해야 한다. 열정 속에서는 지저분한 먼지도 태양처럼 빛난다는 말이 있다. 열정은 감화되고 설득할 수 있다. 이것이 강호동을 국민 MC로 만든 카리스마이며, 그만이 자랑하는 설득 기술이다.

② 결정적 순간에 유머를 터트려라

한 번 내뱉은 말은 네 필의 말이 끄는 수레로도 따라가기 어렵다.

　　오바마: "전통의장대의 사열을 받아보니 의상이 매우 인상적이었습니다."

이명박: "싸우기에는 불편한 복장입니다."

지난 해 11월 오바마 대통령이 한국을 방문하여 전통의장대의 사열을 받고 이명박 대통령과 나눈 이야기다. 이명박 대통령의 위트 있는 답변이 일품이다. 그리고 다음 날 정상회담이 예정보다 길어진 것을 묻는 기자들의 질문에 두 대통령은 이렇게 말을 주고받았다.

이명박: "오바마 대통령이 시간을 많이 써서 그랬습니다."

오바마: "미국에서도 모든 게 대통령 탓입니다."

이번에는 오바마의 대답이 짧고 위트감각이 있어 보인다. 물론 위의 대화 속에서 주변 사람들이 활짝 웃고 분위기가 화기애애하였음은 당연하다.

부시가 이라크를 방문하여 기자회견을 하던 중 문타다르 알자이디 기자가 부시를 향해 신발을 벗어던지는 사건이 발생했다. 이런 어처구니없는 사건을 겪은 부시는 이렇게 말했다.
"이건 내 발사이즈에 맞는 신발이 아닌데……."
그리고 다음 날 그는 이렇게 여유를 부렸다.
"대통령 재임기간 중에 재미있는 일이 많았지만 이번 일이 최고의 이벤트다!"
유머 감각이 넘치는 부시의 말은 리더로서의 자신감과 리더십을 유감없이 발휘했다. 또한 신발사건을 지켜보며 자존심 상했던 미국인들에게 오히려 더 큰 웃음을 선물할 수 있는 전화위복의 기회로 삼을 수 있었다.

가까운 선배 한 분이 자녀 주례를 부탁하려고 목사님을 소개받았다. 그는 고마운 마음으로 선물을 사들고 교회를 찾아가 목사님에게 이렇게 말했다.
"이렇게 제 자식의 주례를 맡아주시니 감사합니다. 목사님은 참으로 살아계신 부처이십니다!"
고마움을 전하겠다는 마음은 알지만, 교회까지 찾아가서 목사에게 살아 있는 부처라고 말하는 것은 '말맹'의 극치를 보여주는 사례다. 물론 어색한 만남이었음은 말할 것도 없으리라.

고향을 떠난 지 20년 만에 성공한 어떤 사람이 비서를 대동하고 고향 마을을 찾았다. 그런데 20년 전에 뵈었던 할머니를 만난 것이다. 그는 너무나 반가운 나머지 이렇게 인사를 했다.

"할머니, 아직도 살아 계세요?"

할머니 입장에서는 아직도 죽지 않고 살아 있느냐고 묻는 것처럼 들릴 수 있는 대화다. 그는 상황판단을 제대로 못하고 자신의 감정만 드러내고 말았다.

위의 두 사례는 유머대화의 진수가 무엇인가를 말해준다. 그리고 아래 두 사례는 상황파악이 안 된 자기중심의 언어를 유머 없이 말하는 유형이다. 당신은 말을 잘하는 사람인가, 아니면 말 때문에 고민하는 사람인가. 그런데 이 물음에 답하기 전에 한 가지 분명해야 할 게 있다. 우리는 말하는 동물이다. 그러니 말을 잘하면 잘한 만큼 더 좋은 가치를 창출하고 인정받을 수 있으므로 효과적으로 원하는 목표에 이를 수 있다.

《논어》에 '안연편顔淵篇 駟不及舌사불급설'이라는 말이 나온다. 이는 네 필의 말도 혀를 따르지 못한다는 말이다. 말의 가치가 얼마나 큰가를 알 수 있다. 비슷한 말로 '一言旣出, 駟馬難追일언기출 사마난추'라는 말도 있다. 한 번 내뱉은 말은 네 필의 말이 끄는 수레로도 따라가기 어렵다는 뜻이다. 말에 신중을 기할 것을 경계하는 의미가 담겨져 있다.

성공하고 싶다면 성공의 언어를 말하라. 행복하고 싶다면 행복의 언어를 말하라. 좋은 관계를 맺고 싶다면 관계지수를 높이는 말을 하라. 성공을 불러오는 말, 행복을 불러오는 말, 관계를 증진시키는 말은 한 가지 공통점이 있다. 그것은 입에서 나오는 말이 아니라, 마음 깊숙한 구석에서 숙성되어 나오는 말이다. 그저 쉽게 입에서 튀어나오는 날 것의 언어가 아니라, 마음속 깊은 곳에서 나오는 숙성의 언어이다. 날김치가 아닌, 감칠맛 나는 숙성된 말을 나누라는 것이다. 그리고 여기에 유머를 가미해보라. 이것이야 말로 촌철살인, 급소를 찌르는 무기가 될 것이다.

"말이 쉬운 것은 결국 그 말에 대한 책임을 생각하지 않기 때문." 이라고 맹자는 말했다. 맹자의 가르침처럼 말에 대한 책임을 지는 것이 곧 정성을 다하는 것이다.

말을 못하는 사람은 없다. 그러나 지위나, 장소, 시간, 대화, 이슈에 따라 제대로 자신의 의사를 표현하고 목적을 얻어내는 사람이 많지 않다. 그러니 이 책은 그런 면에서 보면 말 잘하는 지침서인 셈이다. 자신 있게 여러분에게 말할 수 있는 것은 효과적으로 자신의 의사를 표현하고 말을 하는 사람들은 모두가 유머감각이 뛰어난 사람들이다. 이것이 이 책의 핵심 주제를 유머 대화법으로 정하게 된 배경이다.

나는 늘 말 속에는 신비한 힘이 숨겨져 있다고 믿는다. 말 한 마디로 세상을 바꾸는가 하면 그 말 한 마디로 인하여 망가지는 경우를 너무나 자주 보기 때문이다. 말의 신비를 캘수록 신기하기만 하다. 말을 통하여 권력을 행사할 수 있기 때문이다. 여기서 권력이란 영향력을 행사하여 원하는 바를 효과적으로 얻는 기술을 말한다. '암 癌' 이란 단어를 보면 말의 힘이 얼마나 무서운 결과를 가져오는가를 알 수 있다. '암癌' 이란 입이 세 개 모여서 병이 되는 것을 말한다. 그러니 입을 잘못 놀리면 그것이 대인관계에 벽을 쌓고 소통의 장애를 일으키는 것이다.

말은 사람들에게 나를 안내하고 내가 원하는 세상과 연결시켜주는 사다리와 같다. 이 사다리가 고장 나면 누구에게도 다가설 수 없다. 그러고 보면 우리가 늘 하는 말은 생존무기이며, 나 자신이라고 볼 수 있다. '경질설 경청하고, 질문하고, 설득하라' 만 잘 따르면 당신의 사다리는 단단해지며 빛을 발휘할 것이다. 여기서 사다리는 바로 유머다. 유머는 부드러우면서 강하며, 자신을 모든 사람에게 안내하는 역할을 한다.

문제는 대부분의 사람들이 말을 많이 하지만 제대로 하지 못한다. 말을 효과적으로 하면 상대방과 관계도 좋아지고 신뢰감을 줄 수 있으며 원하는 것을 제대로 얻어낼 수 있다. 당신이 CEO이든, 가정주부이든, 교육자이든, 세일즈맨이든 당신은 말을 통해 존재한다. 그러나 명심하라. 말을 많이 하는 것이 잘하는 것이 아니다. 물론 침묵을 지키고 있다고 해서 말을 잘한다고 할 수는 없다. 상대를 감싸고, 그도 얻고 나도 얻을 수 있는, 공감하는 커뮤니케이션 기법이야말로 성공하는 인생, 행복한 세상을 만드는, 말이 갖는 힘인 것이다. 그런데 공감을 불러일으키는 비결은 무엇인가. 웃음이다. 유머야말로 너와 내가 하나되는 공감의 무대를 만드는 기술인 셈이다.

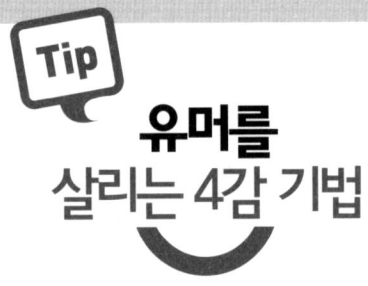

유머가 살아 있기 위해서는 4감이 갖추어져야 한다. 그래야 맛을 낸다. 썰렁한 유머로 어색한 경우를 당한 적이 있다면 4감 기법을 활용해보라.

  첫째, 생동감이 있어야 한다. 유머는 살아 있는 물고기처럼 펄떡거려야 한다. 유머 한 마디로 분위기를 반전시킬 수 있는 신선한 충격을 주어야 한다.
  둘째, 신뢰감이 있어야 한다. 유머는 말장난이 아니며, 게다가 성을 주제로 농담을 하면 안 된다. 유머만으로도 신뢰감을 주는 품격이 숨겨져 있어야 한다.
  셋째, 해방감이 있어야 한다. 유머를 통하여 스트레스가 풀리고, 웃음을 유발할 수 있어야 한다. 긴장을 완화하고 여유를 찾을 수 있는 힘이 유머에 있어야 한다.
  넷째, 공감이 있어야 한다. 유머는 상호교감 능력을 높이고 대화 수준을 높여 이해력을 증진시키는 데 효과가 있어야 한다. 유머를 던지고 혼자 웃는다면, 유머에 농락당하는 꼴이 된다.

상대방이 좋아하는 언어로 말하라

상황판단을 못하면 설득력은 혼자만의 말잔치로 끝난다.

 어떤 실직자 모임에 강사 한 분이 열변을 토했다.
"여러분, 파란만장한 인생되세요."

그랬더니 갑자기 신문지가 날아오고 당장 나가라고 청중들이 소리쳤다.

그러자 강사는 차분한 목소리로 말했다.

"'파란만장'이 무슨 뜻인지 아세요?"

아무런 답변이 없자 강사는 힘주며 말했다.

"파란 거 만장이면 얼마죠. 일억 원이죠. 그러니 매일 파란만장한 인생되세요."

유머감각이 넘치는 이 강사야말로 놀라운 친근감을 불러일으키는 대화법을 갖고 있다. 실직해서 파란만장한 인생을 살고 있다고 실의에 빠져 있는 사람들을 설득하고 오히려 역발상의 삶을 살라는 주문이 아닌가. 이제는 설득이다. 그동안 경청하고 질문하라는 것은 그 자체가 목적은 아니다. 바로 당신이 원하는 바를 얻기 위해 합리적으로 설득하기 위한 단계에 지나지 않는다. 단지 경청하고 혹은 질문만 하고 끝난다면 당신이 얻고자 하는 것은 없으리라. 게다가 대화란 당신이 원하는 것을 얻어내고, 정확한 의사표현을 통하여 영향력을 행사하는 과정이다. 대화의 궁극적인 목표는 설득을 통하여 성과를 이끌어내는 것이다.

형이 동생에게 질문했다.
"1+1은 몇이지?"
그러자 동생은 고개를 저으며 이렇게 말했다.
"잘 모르겠는데……."
그러자 형이 화가 나서 말했다.
"이것도 모르다니! 넌 정말 밥통이구나. 다시 계산해봐라. 너하고 나하고 합치면 몇이 된다고 생각하니?"
그러자 동생이 고개를 끄덕이더니 알겠다며 이렇게 대답했다.
"아, 밥통 두 개지."
대부분의 말다툼이나 사소한 분쟁은 어느 한 쪽이 일방적으로 대화를 리드한다거나 이기는 협상을 즐기는 데서 시작한다. 이런 관계의 대화에는 더 이상 미래가 없다. 이와 같은 사람과 두 번 다시 대화하기를 반기는 사람은 없을 것이다.

그럼 가장 좋은 비법은 무엇인가. 이것은 다름 아닌 상대가 "예."라는 마법의 단어를 쏟아내게 하는 것이다. 당신이 말할 때마다 혹은 어떤 조건을 제시할 때마다 상대가 "예, 예."하며 고개를 끄덕인다면 이미 당신이 원하는 목적을 이룬 것이다. 지금까지 얘기한 '경질설'의 과정은 결국 마법의 언어인 "예."를 끌어내기 위한 방법이다. 그럼 '경질설'의 마지막 단계인 설득은 어떻게 할 것인가.

'가장 비싼 요리도 혀 요리요, 가장 싼 요리도 혀 요리.' 라고 탈무드는 가르치고 있다. 그러니 말 한 마디가 얼마나 큰 영향을 미치는가를 알 수 있다. 혀를 함부로 놀리는 것은 재앙이 될 수 있지만 그것을 잘 관리하면 금은보화를 얻을 수 있다는 것을 말해준다. 혀의 가치는 성경에서도 자주 언급되고 있다.

"혀에 죽음과 삶이 달려 있으니 혀를 사랑하는 자는 그 열매를 먹는다." 잠언8:21

여기서 강조하는 것은 혀를 사랑하라는 것이다. 혀를 사랑하는 자가 승리자가 될 수 있다는 것을 말한다. 혀에 삶과 죽음이 달려 있다는 솔로몬의 지혜는 참으로 값진 교훈이다. 당신은 곧 말이기 때문이다. 어쩌면 말을 통해서 당신이 누구인가를 드러내고, 말은 당신의 모든 것을 비춰주는 거울과 같은 역할을 한다.

활주로를 출발하여 신 나게 이륙준비를 하던 비행기가 갑자기 정지하더니 격납고로 들어갔다. 그렇게 두 시간 정도 흐른 후에야 비행기는 다시 이륙을 하게 되었다. 뭔가 이상하다고 생각한 승객이

지나가던 승무원에게 물었다.

"비행기에 무슨 고장이 있었습니까?"

"저희 비행기 기장이 엔진에 고장이 난 것 같다고 해서요."

승객은 안도의 숨을 쉬며 물었다.

"그럼 다 고치셨나요?"

그러자 승무원은 별 거 아니라는 듯 이렇게 말했다.

"아뇨. 급하게 기장을 바꿨습니다."

불안한 승객들의 초조한 질문에 아무렇지도 않게 고장 난 비행기 기장을 바꿨다는 말은 상대를 배려하지 않는 자기 중심의 말에 지나지 않는다. 이럴 때일수록 상대를 감싸고 안정시킬 수 있는 언어감각을 살려나가야 한다. 말은 인간이 돈 들이지 않고 할 수 있는 최고의 배려이며 서비스이기 때문이다.

Tip 설득력을 10배 높이는 SHOW 화법

말 잘하는 사람들은 늘 '쇼'를 한다. 상대를 깔보며 무시하는 "쇼하고 있네!"가 아니라 말 한 마디로 몰입하게 만드는 "쇼하고 있네!"를 연출하는 것이다. 그러니 말하지 말고 쇼를 하라!

첫째, 간단하게(Simple) 말하라. 촌철살인의 효과를 기억하라. 어리석은 자는 말을 많이 해야 잘하는 것으로 알고, 더 많은 말을 하려 든다.

둘째, 정직하게(Honesty) 말하라. 말은 신뢰가 생명이다. 신뢰가 무너지면 어떤 말도 들리지 않는다. 그러니 정직하게 말하라. 기본 중의 기본이 정직이다.

셋째, 마음을 열어(Open)라. 상대의 머리를 열려하지 말고 마음을 열기 위해 주력하라. 머리를 자극하며, 머리로 무장할 것이다. 마음을 자극하면 마음을 열 것이다. 이성에 호소하지 말고 감성을 흔들어라.

넷째, 위트(Wit) 있게 말하라. 품격은 고상한 언어 수백 마디보다 재치 넘치는 유머 한 마디에 있다. 어리석은 자는 지식으로 무장하려 들 것이다. 그러나 당신은 위트로 무장하라. 기왕이면 사람들은 웃음을 주는 사람에게 모여들 것이다.

4
유머 한 방으로
"예."를 이끌어내라

논리보다는 유머로 상대의 마음을 열어라.

 거래형 설득

이 기법은 상대에게 적합한 조건을 제시하고, 그 조건 수용 여부를 밀어붙이며 설득해 나가는 과정이다. 특히 비즈니스 관계나 자녀에게 공부를 설득할 때 기업체에서 어떤 목표달성을 제시할 때 쓰는 방법이다. 거래형 설득방법에는 대개 이런 문장으로 시작하는 게 일반적이다.

"~한다면 ~하겠다."
"~할 테니 ~하라."

거래형 설득은 상대에게 어떤 이익이 가는가를 제시해야 한다. 그래야 상대가 자신이 무엇을 얻을 것인가를 판단하여 동의할 것이기 때문이다.

거래형 설득의 유형

- "이번에 성적이 오르면 MP3 사주겠다."
- "이번에 당신의 팀이 1등을 하면 포상금이 주어질 거야."
- "이번에도 부진하면 어떻게 되는지 알지?"
- "이번 프로젝트만 잘 성사되면 당신의 부장 승진은 문제 없을 걸세."
- "이 조건이라면 당신에게 해가 될 리가 없을 겁니다."

《논어》에 '교묘한 말은 덕을 어지럽힌다.' 라고 기록되어 있다. 하지만 공자의 이 같은 지적처럼 자칫 거래형 설득이 말재주로 끝나면 안 될 일이다. 그것은 임시방편으로 자신의 목적을 성취하기 위해 그럴싸한 미끼를 던지는 것으로 오해받을 가능성이 있기 때문이다. 그래서 말은 무조건 진실해야 한다. 진실보다 더 설득력 있는 단어는 없기 때문이다.

비전형 설득

이 설득 방법은 상대에게 비전을 심어주고 "~하면 이득이 될 것." 이라는 구체적인 내용을 제시하는 것이다. 당장 오늘 대화를 통해서 이득을 얻기보다는 미래를 위하여 선택하라는 당위성을 가지고 설득하는 방법이다. 대개 이 설득에는 이런 말로 시작한다.

- "나중을 위해서라도 이런 것이 괜찮지 않을까요?"
- "나라면 미래 투자를 위해 이렇게 하겠습니다."
- "내년 투자를 위해서라도 A안이 어떨까요?"

따라서 비전형 설득에서 중요한 포인트는 꿈을 주고, 미래를 위해

같이 나가자는 의미를 제시해야 한다. 대화과정을 통하여 미래지향적인 대안을 제시하고, 이를 받아들일 경우 어떤 혜택이 있을 것이라는 것을 던져야 한다. 이 기법은 미래지향적인 관계를 형성하고 장기적인 관점에서 오늘을 바라보는 지혜를 나누는 설득이어야 한다. 당신이 만약 보험설계사라면 반드시 이 기법을 활용한다면 좋다. 만약에 교사라면 좋은 상급학교에 진학할 수 있다는 비전을 주면서 공부하라고 설득할 수 있을 것이다. 배우자가 비만이라면 상투적인 언어로 다이어트하라고 말하기보다는 "행복하게 나하고 오래 살기를 원하면 다이어트 좀 하세요."가 더 설득력 있는 대화술이다.

비전형 설득의 유형

- "좀 더 저축을 해야 3년 안에 새 집을 살 수 있어."
- "경쟁사를 물리쳐야 코스닥 상장을 할 수 있지 않을까?"
- "노후를 생각하신다면 연금형을 선택하는 게 어떨까요?"
- "참고 견뎌 봐. 더 좋은 일이 기다리지 않겠어?"
- "내 생각대로 해보게. 아마 내년에는 좋은 결과가 있을 거야."

달콤한 말로 유혹하듯이 설득하려 들면 안 된다. 그것은 관계를 지속시키기보다는 관계 단절을 의미한다. 게다가 근거가 명확하지 않은 비전형 설득은 당신을 거짓말쟁이나 허풍쟁이로 만들 것이다.

권위형 설득

이 설득기법은 자리나 나이, 지위를 내세우며 상대에게 자신의 의사를 관철시키려 드는 방법이다. 다소 권위적인 냄새를 풍기는 기법으로, 전통적으로 리더들이 가장 많이 사용하던 일방적인 의사전달 방식이다. "'갑'은 말하고 '을'은 듣는다."라는 식으로 쌍방향이 아닌 일방향 커뮤니케이션 기법이다. 대개 이 기법은 이런 문장으로 말문을 연다.

  -"내가 누군지 알잖아."
  -"싫으면 관두든지."
  -"나를 무시하는 건 아니겠지."

지위나 권한을 이용하는 것이 일반적이기 때문에 대개 대화가 단조롭고 이미 어떤 결과를 가지고 만나는 경우가 많다. '을'은 숙이고 들어가며 '갑'은 여전히 권세를 자랑하는 대화기법이다. 이는 민주적이기보다는 독재적이고, 때로는 횡포를 부리는 경우가 많다.

  어느 축산농가가 파산 직전에 이르렀다.
  그런데 새 주인이 인수하면서 번창하기 시작했다.
  "그 비결이 뭐요?"
  주위 사람들이 물었다.
  그러자 새 주인은 별 거 아니라면서 말했다.
  "소들에게 말했죠. 나는 오늘부터 고기나 우유 둘 중에 하나만 시장에 내다 팔겠다고."

권위를 내세워 설득하려 든다면 대화도 단절되고 사람마저 잃게 된다. 권위를 내세우며 설득하던 시대는 지났다. 요즘은 부드러운 것이 권위요, 상대를 감성적으로 감싸는 것이 권위로 바뀌고 있다.

권위형 설득의 유형

-"내 말대로 하면 된다니까!"
-"왜 내 말을 무시하는 거야!"
-"하라면 해. 무슨 이유가 그렇게 많아!"
-"내 말 무슨 뜻인지 몰라서 그래!"
-"하든지 말든지 당신이 알아서 해. 단 후회하지는 말게!"

히틀러, 무솔리니, 연산군이 되지 마라. 그런 권위적이고 강압적인 메시지가 통하던 시대는 지났다.

권위형 설득기법은 석가가 말한 대로 치유하는 언어가 아니라, 파괴하는 언어를 구사한다. 파괴하는 언어는 일순간 자기의 목적은 달성할 수 있지만 지속적인 관계를 유지하지 못한다. 위협이 사라지면 상대는 언제나 등을 돌릴 것이다. 당신이 무슨 일을 하든 치유하는 언어, 상대를 감싸는 언어를 구사하라. 언어는 생명이기 때문이다.

멘토형 설득

이 설득기법은 좀 더 민주적인 방식이다. 일방적이지 않으면서 자신의 경험이나 생각을 충분히 제시하며 설득하려는 경향이 있다. 특히 상대의 입장이나 위치, 배경 등을 충분히 고려하여 대안을 제시하려는 기법이다.

대개 이런 문장으로 시작한다.

-"나라면 이렇게 하겠네."

-"이 방식이 자네에게는 좋을 듯 싶어."

-"왜 좀 더 숙고해보면 어떨까?"

어느 가정의 아빠가 갑자기 아이에게 책을 보라고 다그치다가 성경 말씀을 전해주었다.

"사람은 빵만으로는 살 수 없느니라."

그러자 아들이 그 이유를 물었다.

"아빠, 왜 사람은 빵만으로는 살 수 없지?"

그러자 설명하기가 난감해진 아빠는 이렇게 말했다.

"물도 먹어야 하거든."

아들이 왜 빵만으로는 살 수 없느냐는 질문에 아빠는 "내 경험으로는 빵만 먹으면 목이 마르니까 물도 먹어야 한다."며 설득하는 기법이다. 여기서 중요한 포인트는 자신의 경험을 바탕으로 아들에게 멘토 역할을 하고 있다는 것이다. 이처럼 멘토형은 자신의 경험이나 지식을 나누며 교류하고 설득하는 기법으로 학습자형 설득기법이라 할 수 있다.

여기서 멘토형의 특성을 알 수 있다. 그는 스승의 역할을 하는 자이기에 도리에 맞지 않는 말을 할 수 없다. 따라서 그의 대화 상대자는 그의 말에 수긍하고 설득당할 수밖에 없다. 당신이 부하나 자녀 혹은 후배들과 대화를 하면서 뭔가를 설득시켜야만 한다면 당신은 반드시 멘토형 화법으로 설득하는 습관을 가져야 할 것이다.

멘토형 설득의 유형

- "그것도 좋지만 내 경험으로는 이런 방식이 좋겠군."
- "내가 자네라면 지금 당장 취소하겠네."
- "그건 도리에 맞질 않아. 그러니 다시 생각해보게."
- "물론 일리가 있어. 하지만 자네 나이에 어울리는 처신은 아닐세."
- "역시 자네는 내 후배다워. 내 생각에도 그게 좋겠군."

공감형 설득

이 설득기법은 가장 민주적이고, 이상적인 방식이다. 누구나가 대화를 하면서 상호 공감하는 정서적인 신뢰감을 교류할 수 있다면 그 대화는 지속될 것이며, 관계지수는 높아질 것이다. 이해관계를 떠나 서로의 존재를 인정하고 윈-윈 관계를 유지할 수 있다면 상호이익을 통한 교류가 활발할 것이다. 가정에서, 직장에서, 모임에서 이런 공감형 대화가 절실한 것은 그만큼 사회구조가 자기중심적으로 빠져들고 있기 때문이리라.

대개 이 설득기법은 이런 문장으로 시작한다.

- "오, 저런!"
- "누가 아니래요?"
- "맞아요. 바로 그 거예요."
- "당연하죠. 내 말이 바로 그 말이에요."
- "어쩜 내 생각과 그렇게 똑같죠."

어떤 부부가 예루살렘 지방을 여행하다 아내가 교통사고로 죽게 되었다. 국내에서 장례를 치르기 위해서는 엄청난 항공료와 비용이 문제였다. 그런데 예루살렘에서는 전혀 비용이 들지 않고 모든 것이 무료였다. 하지만 남편은 엄청난 비용을 들이면서 아내의 사체를 국내로 들여와 장례를 치르겠다고 고집했다. 가까운 친구가 물었다.
"왜 굳이 국내에서 장례를 치르려 하는가?"
그러자 그 남편은 당찬 목소리로 말했다.
"예루살렘에 묻으면 3일 후에 부활할지도 모르잖아."
역설적인 얘기지만 부부싸움 속에서도 서로 유머를 던지며 공감할 수 있는 이 기법은 바로 공감형 설득기법이다. 상대의 이야기를 받아들이고 자기의 주장을 전개하면서 하고 싶은 말을 다하는 것이 이 기법의 특징이다.

누구나 자신만의 언어가 있다. 갈고닦은 자신의 언어를 제때 적절히 던진다면 이것이 자신을 드러내는 기술이 될 것이다. 가능하다면 공감을 불러일으킬 수 있는 언어를 택하라. 공감하지 않으면 설득할 수도, 설득당할 수도 없다. 이것은 실패한 대화다.

'장 잘 보아다준다고 말하니까 제 돈 보태가면서 사다준다.'는 우리 속담이 있다. 이것이 대화의 원칙이다. 장 보러가는 사람에게 당신은 참으로 장을 잘 보는 사람이라 칭찬하고, 따뜻한 말을 건네니, 신 나서 자기 돈까지 보태면서 좋은 물건을 사다준다는 뜻이다. 이보다 더 좋은 설득기법이 어디 있겠는가. 말을 하는 데 돈이 들지 않는다. 그런데 우리는 대단한 비용이라도 지불해야 하는 것처럼 착각에 빠져 있다. 그러다보니 제대로 좋은 말을 선택하지 못해 오히려 손해를 보는 경우가 허다하다. 이제 명심하라. 말하는 데 돈이 들지 않는다. 하지만 말을 잘하면 곧 돈이 되고, 명예가 된다는 것을 기억하라.

공감형 설득의 유형

- "나라도 그렇게 할 수밖에 없을 겁니다."
- "맞아요. 그게 내가 주장해오던 얘기 아니던가요?"
- "내 말을 당신이 대신 해주는군요. 100% 동감이야."
- "우린 참으로 많은 면에서 생각이 같군요."
- "바로 그겁니다. 그렇게만 한다면 문제는 저절로 해결될 겁니다."
- "맞아요. 나도 오랫동안 그렇게 생각하고 있었어요."
- "내 말이 바로 그 말이에요!"

가능하면 느낌표로 말을 맺으라. 그리고 자주 맞장구 쳐주라. 그것이 설득하는 것이다.

"자신의 생각을 제대로 표현하지 못하거나 스스로 자신을 효과적으로 알리지 못하는 사람은 다른 사람에게 영향력을 행사하지 못하며 크게 존경받지도 못한다."라고 브라이언 트레이시는 말한다. 브라이언 트레이시의 말대로라면 이런 사람은 제대로 설득할 능력도 없다. 말의 정석 그 세 번째 법칙은 바로 설득의 기술이다. 설득은 가장 효과적으로 자신의 의도를 알리고, 원하는 것을 가장 합리적으로 얻어내는 것이다. 혹은 당신이 리더라면 영향력을 행사하는 것이 곧 설득의 기술에 좌우된다는 것을 명심하라.

유머를 창작하려 들지 말고 활용하는 데 신경 써라. 그러면 당신의 품격이 하늘을 찌를 것이다. 게다가 기억력에도 한계가 있다. 많은 사람들이 유머를 듣고 재미있게 웃어도 기억하기가 쉽지 않다고 말한다. 당신만의 유머 파일(Humor File)을 만들어 필요한 모임이나 상황에 적합한 유머를 가지고 가라. 이렇게 하면 쉽게 유머파일을 만들 수 있다.

- 신문이나 잡지의 유머코너를 정기적으로 본다.
- 유머사이트를 고정적으로 본다.
- 재미있는 유머를 들으면 반드시 메모해둔다.
- 유머 책에서 마음에 드는 유머를 선별한다.

이렇게 모은 유머를 비즈니스, 가정, 대인관계, 부부관계, 자녀교육, 성, 직장생활 등으로 분류하라. 그리고 필요할 때마다 적합한 유머를 골라 가지고 나가라.

5
결정적인 유머로
판을 뒤집어라

유머는 타이밍이 생명이다.

 모처럼 서울에 사는 아들 집에 들렀던 시어머니가 집으로 내려가게 되었다. 착한 며느리는 시어머니에게 난생 처음 비행기를 태워 드리려고 공항으로 모시고 갔다. 부산행 비행기에 오른 할머니는 처음 타보는 비행기가 여간 신기한 것이 아니었다. 여기저기 둘러보며 화장실을 다녀오던 할머니는 자신이 앉은 의자보다 넓은 텅 빈 의자를 발견했다. 할머니는 그 자리에 앉아 콧노래를 부르고 있었다. 이를 발견한 스튜어디스는 할머니를 제 자리로 돌려보내기 위해 실랑이를 벌이고 있었다.

"할머니, 여기는 비싼 돈을 내야 앉을 수 있는 비즈니스석이에요. 어서 할머니 자리로 돌아가셔야 해요."

"무슨 얘기야? 빈자리는 내가 맡은 건데. 누구나 앉는 게 임자야."

할머니의 시끄러운 소리에 신문을 보던 신사분이 조용히 할머니 귀에 대고 한 마디를 말했다. 그러자 할머니는 놀란 듯이 자신의 자리로 뛰어갔다.

"할머니, 그 자리는 부산 가는 자리가 아니라 제주도 가는 자리예요."

이처럼 설득기법에서 유머는 촌철살인의 효과를 지닌 마법과 같은 역할을 한다. 이제는 어떻게 상대를 설득하여, 영향력을 행사하는가의 문제다. 설득하지 못하면 남는 장사가 아니다. 우선 설득하기 위해서는 말이 통해야 한다. 많은 말을 하지만 쓸 만한 말이 적고 쓸 만한 말이 있어도 핵심을 찌르는 말이 부족하다고 생각하지 않는가. 지금까지 배운 경청과 질문을 바탕으로 마지막 상대의 허를 찌르고 마음을 뒤흔들어놓을 수 있는 설득의 기술이 요구된다.

나는 말 관련 강의와 워크숍을 열 때마다 수강생들에게 한 가지 질문을 던진다.

"설득할 때 가장 중요한 것은 무엇일까요?"

수강생들이 가장 많이 대답하는 것은 '진실' 해야 한다는 것이다. 나는 이런 답변을 들으면서 어떤 기술보다도 진실이 우선이라는 철칙을 발견했다. 대화 중에 진실이 무너지면 인격이 무너지고, 인격이 무너지면 대화는 더 존재할 수 없다. 그래서 나는 이런 공식을 얻을 수 있었다.

'설득 = 진실+유머기술'

진실이 없다면 그 어떤 기술도 그저 입가를 맴도는 말장난에 지나지 않는다. 당신이 누군가를 어떤 목적으로 설득하려 할 때, 기술을 자랑하지 마라. 우선 진실을 선물하라. 그러면 당신의 기술이 무뎌도 인정받을 수 있다.

"진실한 말은 꾸밈이 없고, 꾸미는 말은 진심이 없다."라고 노자는 가르치고 있다. 그러니 노자의 말대로 꾸밈이 지나치면 말이 생명을 잃게 된다. 말을 꾸미는 것은 결코 진실도 아니며, 기술도 아니라는 것을 명심하라. 진실만이 통한다는 원칙을 고수하라. 그것이 당신을 돋보이게 하고, 상대를 설득하는 힘이 된다. 부드럽고 친절한 말은 그것만으로도 충분한 설득기술이다.

어느 대학 강당에서의 일이다. 여학생의 출석을 부르는데 웬 남학생이 대답을 하는 것이었다. 교수는 화가 나서 물었다.
"왜 자네가 대답하나?"
"우리는 커플이거든요."
"커플이면 커플이지, 왜 나오지 않은 학생을 대신해서 대답하는가?"
교수는 더 언성을 높이며 심각해졌다. 그러자 그 학생은 이렇게 말했다.
"교수님은 일심동체도 모르세요?"
재치 있는 유머로 강의실은 웃음바다가 되었고 교수 또한 그 학생의 유머에 두 손을 들 수밖에 없었다. 이것이 유머의 힘이다.

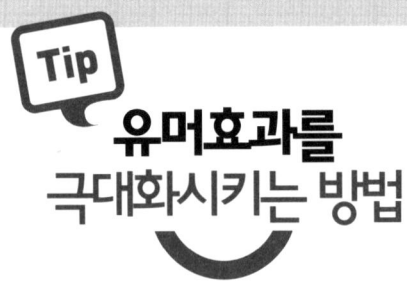
유머효과를 극대화시키는 방법

유머도 독이 될 수 있다. 지난번 북한군의 연평도 폭격으로 온 나라가 울분으로 들끓고 있을 때였다. 모 시장은 연평도 폭격 현장을 둘러보며 어이없는 농담 같은 유머로 언론의 질타를 맞았다. 포탄에 맞아 아수라장이 된 현장을 둘러보다 불길에 그을린 소주병을 발견하고 이렇게 말했다고 한다.

"정말 폭탄주군!"

다음 날 언론에서는 어이없는 망발이라며 비난이 쏟아졌다. 유머는 아무리 재미있어도 때와 장소를 제대로 가리지 못하면 독이 될 수 있다. 물론 술집에서 불에 탄 소주병을 보며 폭탄주라는 말을 던진다면 제대로 된 유머가 될 수 있고 웃음을 자아낼 수 있다. 그러나 그는 유머의 생명이 타이밍과 상황, 장소라는 것을 까맣게 잊고 있었다. 명심하라. 타이밍을 잃은 유머는 자신을 베는 칼날이 될 수 있다.

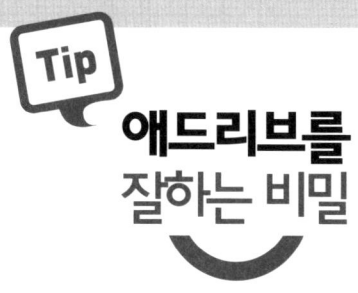

광고 기사를 많이 읽는다.

광고 카피는 함축적이고 응축된 문장이다. 말 한 마디로 고객의 마음을 사로잡는 마법의 문장이 광고 카피다. 광고 문장을 외우다시피 자주 읽으면 자신도 모르게 애드리브 능력을 발휘할 수 있다.

속담, 명언, 명구를 많이 외운다.

속담이나 명언 명구는 백 마디 말보다 효과적이다. 특히 속담은 수천 년간 전해 저오면서 갈고닦은 구슬과 같다. 이들 속담이나 명언을 많이 외워두면 적합한 상황에서 자동적으로 쓸 수 있다. 속담보다 더 강하고 설득력 있는 애드리브는 없다.

개그 프로그램도 때로는 도움이 된다.

개그맨들은 재치와 재미있는 언어를 구사하는 마법의 감각을 갖고 있는 사람들이다. 그들의 언어를 유심히 관찰하다 보면 거침없이 튀어나오는 애드리브에 놀란다. 특히 말 한 마디로 상황을 뒤집고 웃음을 이끌어내는 개그 프로그램은 살아 있는 교과서다.

타이밍을 잘 찾아야 한다.

상황판단과 타이밍이 조화를 이루는 것이 애드리브이다. 그러기 위해서는 많이 읽고 대화의 맥을 잡는 기술이 필요하다. 상대의 허점이나 웃음을 유발할 수 있는 맥을 잡는 기술이 애드리브를 살리는 비밀이다.

6
마법의 스토리로 심장을 쏴라

이야기는 커뮤니케이션의 핵심이며 생명이다.

 대부분 사람들이 대화 중에 함정에 빠지는 이유는 지나치게 논리가 강하다. 이성적으로 접근하여 우위를 차지하는 것이 이기는 길이며, 설득할 수 있는 고지를 차지하는 것이라 믿고 있다. 하지만 당신은 너무 순진한 오류를 범하고 있다. 당신이 논리를 내세워 접근하면 상대는 당신의 논리에 맞서 대항하려 들 것이다. 아니면 자신을 보호하려 들 것이 분명하다.

여기서 중요한 포인트는 논리보다 부드럽고 강한 메시지를 가져야 한다. 이것이 바로 마법의 이야기다. 인생은 이야기다. 역사 또한 이야기다. 우리들의 하루하루가 이야기로 이어진다. 우리는 매일 이야기를 주고받는다. 또한 어려서 말을 배우기 시작하면서 우리는 이야기를 듣기 시작했다. 엄마나 할머니의 무릎에 기대어 이야기를 들으면서 세상을 꿈꿔왔다. 점점 나이가 들고 글을 읽기 시작하면서 우리는 이야기를 읽었다. 이야기를 통하여 세상과 이웃과 소통하는 법을 배웠다. 그러니 이야기는 커뮤니케이션의 핵심이며 생명이다. 이보다 더 강한 무기를 나는 아직 알지 못한다. 당신의 이야기는 무엇인가를 점검하라. 그리고 대화에 임하라. 이야기를 많이 가진 자가 설득에 강하다. 사람들은 말하는 사람에게보다는 이야기를 들려주는 사람에게 먼저 귀를 연다. 당신이 이야기꾼이 되어야 할 이유가 여기에 있다. 스토리텔링이 갖는 이점은 당신이 논리를 가지고 덤빌 때하고는 놀라운 차이가 있다.

- 관심을 끈다.
- 지루함을 없앤다.
- 설득력을 높인다.
- 흥미를 이끌어낸다.
- 재미를 더한다.
- 친밀감을 형성한다.
- 생생한 느낌을 준다.
- 오래 기억하게 만든다.

"세계는 원자로 이루어져 있는 것이 아니라, 이야기로 이루어져 있다."고 뮤리얼 루키저는 말한다. 그러고 보면 대화란 서로의 이야기를 나누는 과정이다. 그런데 그 이야기를 숨기고 엉뚱한 지식이나 논리를 가지고 만나니 대화가 제대로 풀려나갈 수 없는 것이다. 당신의 설득이 실타래처럼 술술 풀리기를 갈망하는가. 그럼 술술 풀리는 이야기를 준비하라. 상대를 당신이 하는 이야기에 빠져들게 만들어라.

내가 유머 강의를 할 때마다 사람들에게 항상 들려주는 이야기가 있다. 다음의 두 이야기를 읽고 어느 것이 오래 기억되는지 혹은 마음속에 깊이 젖어드는지 느껴보라.

첫 번째 이야기

많이 웃으세요. 웃음이 암 세포도 죽입니다. 웃는 사람이 오래 산다고 하죠. 매일 웃는 연습을 해보세요. 다 웃자고 하는 일이잖아요. 웃음의 놀라운 가치를 알아야 합니다. 나는 웃음이 중요하다고 믿습니다. 요즘은 웃음이 다이어트 효과도 있다고 합니다. 웃을수록 면역력이 높아지고 스트레스를 몰아내며 건강을 지켜주는 파수꾼 역할을 합니다. 그래서 웃음을 만병 통치약이하고 합니다. 더 많이 웃는 습관을 가져봅시다. '웃는 자가 강한 자'라고 믿어 보세요. 이제부터 재미있게 많이 웃는 리더로 거듭나시기 바랍니다.

두 번째 이야기

한때는 잘나가던 기업체 사장이 있었습니다. 그런데 잘못하여 이분이 그만 부도를 맞았습니다. 회사를 살려보려고 안간힘을 썼지만 가족들이 살던 집마저 경매로 넘어가고 하루아침에 거리에 나앉게 되었습니다. 그는 자신의 처지를 도저히 믿을 수가 없었습니다. 죽으려고 자살까지 결심하게 되었습니다. 그런데 주위 분들의 작은 정성과 도움으로 조그만 분식집을 열어 생계를 꾸려나가기로 마음먹었죠. 막상 가게 문을 열고 보니 장사가 잘될 리가 없죠. 한때는 직원을 수백 명이나 거느리던 잘나가던 사장이었으니, 이해할 만도 합니다. 그래도 다시 일어서야 한다는 결심으로, 이를 악물며 밀가루를 어루만지며 만두를 빚고, 칼국수를 삶아냈습니다. 그러던 어느 날 유치원 다니던 아들 녀석이 보이질 않는 겁니다. 아무리 상가를 뒤지고 방송을 해도 아이를 찾을 수가 없었죠. 부부는 하는 수 없이 집에 돌아와 눈물만 흘리고 있었습니다. 그런데 밤 11시가 넘어 이 녀석이 집으로 돌아왔습니다. 초췌한 모습에 배가 고픈지 할 말을 잊은 듯했습니다. 하지만 아빠는 아들을 보자마자 때리며 말했습니다.

"자식 하나 있는 게 너마저 이렇게 속을 썩이는구나. 차라리 나가 죽어라. 어찌 세상이 이렇게 모질단 말이냐!"

아들은 어디를 갔다 왔는지 말할 겨를도 없이 울다 지쳐 잠이 들었습니다. 그런데 아이를 반듯이 뉘이려고 바라보는 순간, 아이의 바지 주머니에 불룩하게 튀어나온 게 있었습니다. 아빠는 궁금해서 아이의 호주머니를 뒤졌죠. 그런데 그 아이의 호주머니에서 나온 것은 아빠가 운영하는 분식집을 광고하는 스티커였습니다. 아이는 아빠가 힘든 처지에 있다는 것을 알고 아빠를 도우려 상가와 아파트를 돌아다니며 스티커를 붙이다 시간가는 줄도 모르고 늦은 시간에 돌아왔습니다. 순간 아빠는 아이를 껴안고 울기 시작했습니다. 그런

아들의 마음을 모르고 매질을 한 것과, 자신의 처지가 눈물을 쏟아내게 만든 겁니다. 그런데 한참 울다가 이들의 울음은 웃음으로 바뀌기 시작했습니다.

"그래 내가 잃은 것은 재산일 뿐이야. 하지만 내겐 이런 자식이 있지 않는가. 이제 시작해도 늦지 않아. 지나간 것은 내 인생에 서막일 뿐이야. 진짜 내 인생은 이제부터야."

뒤늦게 진정한 삶의 가치를 깨달은 아빠는 세상을 바라보는 관점을 바꾸게 되었고 주어진 현실에서 행복을 느끼며 살게 되었습니다.

위의 두 이야기는 똑같이 웃음의 가치를 들려주고 있다. 첫 번째는 직설적인 화법이며, 논리를 갖고 있다. 하지만 두 번째는 웃음이 왜 중요한지를 알게 해주는 이야기다. 어느 것이 오래 기억되고 웃음의 가치를 깨닫게 해주는가. 《성경》이나 《논어》, 《불경》의 공통점이 무엇인가. 그들은 모두 예수나 공자, 석가의 이야기를 담고 있다. 그렇게 오랫동안 베스트셀러가 되고 사람을 변화시킨 힘은 그들의 이야기에 뿌리를 두고 있다.

《해리포터》가 성공할 수 있었던 것은 바로 이야기의 구성에 있다. 조앤 롤링은 이야기만 가지고 하루아침에 빈털터리에서 세계적인 명성과 부를 거머쥘 수 있었다. 당신의 이야기는 무엇인가. 이야기를 만들어라. 이야기는 살아서 움직이는 마법의 힘이다. 이야기는 상대가 누구든 쉽게 문을 열게 해주는 비밀의 열쇠다. 당신은 이 열쇠만 가지면 세상과 소통할 수 있고, 당신의 인생을 알릴 수 있다.

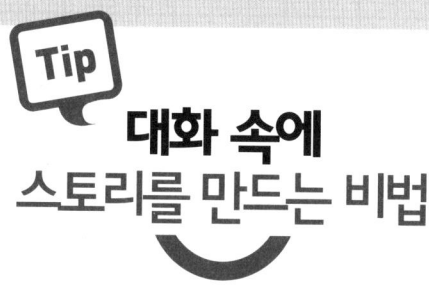
대화 속에 스토리를 만드는 비법

왜 사람들은 스토리에 빠져드는가. 왜 사실은 잊기 쉽고 스토리는 오래 기억되는가. 스토리가 설득의 무기가 될 수 있는 이유는 무엇인가.

첫째, 뱀장사를 모방하라. 뱀장사는 사실을 파는 것이 아니라, 단순한 이야기를 판다. 그런데도 사람들은 그의 이야기에 무조건 빠져든다. 그리고 마지막에 약을 판다. 이야기 속에는 흥미가 있기 때문에 나중에 후회하는 줄 알면서도 소비자들은 그의 이야기에 현혹당하는 것이다.

둘째, 뉴스를 진행하듯이 말하지 말고, 드라마처럼 말하라. 뉴스는 시간이 지나면 잊는다. 하지만 드라마는 시간이 지날수록 더 새롭게 기억에 남는다. 뉴스에는 사실만 있고 드라마에는 이야기가 있기 때문이다.

셋째, 에밀레종을 말하라. 경주박물관에는 성덕대왕신종이 있다. 에밀레종은 이 종의 또 다른 이름이다. 그런데 사람들은 성덕대왕신종은 잊어도 에밀레종은 기억한다. 에밀레종에는 이야기가 숨겨져 있기 때문이다.

이처럼 이야기를 가지고 설득하기 위해서는 평소에 주변에서 일어나는 크고 작은 이야기를 수집하고 자기만의 대화 도구로 만들어야 한다. 세상에 이야기가 널려 있지 않은가.

7
링케오 화법으로 설득하라

케네디는 늘 신선한 감성 멘트로 주변 사람들을 행복하게 만들었다.

링케오 화법이란 무엇인가. 링컨과 케네디, 오바마의 화법을 말한다. 이들은 미국의 역사뿐 아니라 인류 역사에 큰 획을 그은 인물로 존경받고 있다. 링컨은 어려운 환경에서도 굴하지 않고 대통령에 당선되어 자신을 반대하던 사람들을 정부요직에 앉혀 통합의 리더십이 무엇인가를 보여주었다. 케네디는 가장 젊은 나이에 대통령에 당선되어 전 세계인들의 이목을 받았으며 늘 신선한 감성 멘트로 주변 사람들을 행복하게 만들었다. 오바마 역시 링컨만큼 불우한 환경에서 자랐지만 대통령이 되어 미국의 역사를 다시 쓰게 했다. 그런 이들 세 사람의 화법에 무슨 공통점이 있단 말인가. 바로 '유머' 다. 그들의 말은 절반이 유머다. 어떤 상황에서도 유머를 잃지 않고, 유머로 상대를 설득하며 공감 분위기를 창조해나간다.

"유머의 비결은 전달하려는 메시지에 재미를 가하는 것이며, 역으로 재미있는 이야기에 메시지를 덧씌우는 것."이라고 레이건은 말한다. 레이건의 지적처럼 그들은 늘 메시지에 유머를 포장하여 재미있게 말하려고 노력한다. 그러다보니 거부반응이 없고 누구에게나 친근하게 다가가 자신의 의사를 정확히, 그리고 재미있게 표현하여 설득하는 기술을 가질 수 있었다.

오바마 미국 대통령이 백악관 출입기자단과 가진 만찬에서 영부인 미셸 여사와 함께 나란히 행사장에 입장했다.
연단에 선 대통령은 기자들 앞에 서는 것이 늘 행복하지만은 않은 듯 말을 꺼냈다.
"고백하자면 정말 여기 오고 싶지 않았어요. 하지만 와야 한다는 걸 알았죠. 이것 역시 부시에게 물려받은 또 다른 문제니까요."
유머는 살아 있는 윤활유다. 게다가 낯선 사람과의 어색함을 없애주는 치료제이기도 하다. 21세기 감성사회를 리드해 나가는 리더의 조건이 있다면 무엇일까? 나는 주저 없이 유머감각이라고 말하고 싶다.

설득하기 위한 한 가지 조건이 있다면 그것은 바로 상대와의 거리감을 좁히는 것이다. 이런 심리적, 문화적인 거리감을 좁히는 비결은 빅터 보르게의 지적처럼 웃음이다. 당신의 말에 상대가 웃음을 보였다면 이것은 당신을 인정하고 당신의 의견에 동의한다는 신호일 것이다.

그러니 유머를 대인관계에서 윤활유와 같은 역할을 하는 것이라 말하지 않는가. 사람과 사람을 이어주는 가장 부드럽고 신뢰감 넘치는 다리가 바로 유머이기 때문이다. 이는 가정이나 대인관계, 비즈니스, 서비스, 리더십, 교육 등 모든 분야에서 볼 수 있는 일이다.

"웃으면 세상 사람들이 그대와 함께 웃는다. 그러나 울면 그대만이 운다."라고 엘라 윌러 윌콕스는 말한다. 그러니 유머 있는 화법이 얼마나 강력한 폭탄 효과를 갖는가를 알 수 있다. 유머야말로 설득 수단이며, 가장 강력한 무기라고 말할 수 있다. 그러니 누군가를 설득해야 한다면 우선 어떻게 그의 입가에 미소를 짓게 할 수 있는가를 고민하라.

"유머감각을 갖는 데는 돈이 들지 않는다. 그러나 유머감각을 갖지 못하면 많은 비용을 초래할 수 있다."라고 밥 로스는 말한다. 밥 로스의 지적이 지당하게 들리는 것은 똑같은 메시지를 전달해도 그 전달 기법에 따라 효과가 달라진다. 어떻게 포장할 것인가. 말을 포장하는 것은 유머다. 유머에 포장된 말이 가장 인상적이고, 기억에 남으며, 상대를 내 안에 가두는 설득기술인 것이다.

나는 강의할 때 70%는 유머로 메시지를 포장한다. 이른바 유머텔링 기법인 것이다.

어떤 공원에 이런 경고 문구가 붙어 있었다.
'공원 내에서 침을 뱉으면 벌금 10만 원이 부과됩니다.'

그런데 어떤 사람이 무심코 침을 뱉었다. 그러자 감시원이 달려와 10만 원 벌금을 내라고 했다. 우연히 침 한 번 뱉은 것을 가지고 벌금을 내라고 하니 내키질 않았다. 그는 안 뱉었다고 우겼으나 감시원이 증거를 들이대며 말했다.

"그럼, 이건 침이 아니고 뭡니까?"

그러자 그는 이렇게 응수했다.

"그냥 흘린 건데요!"

이 얼마나 재치 있는 유머인가. 침을 뱉지 않았다고 버티는 것보다는 그냥 흘렸다는 유머에 감시원도 웃고 말았다. 이것이 유머의 힘이며, 설득의 기술이다.

이 관광객이야말로 유머가 무엇인지를 제대로 아는 사람이다. 많은 변명과 설명 없이 "흘린 건데요!"라는 유머 하나로 위기를 벗어나고 할 말을 다한 것이다. 본인이 흘렸다는데 더 이상 물고 늘어지는 감시원은 없을 것이다.

링컨이 길을 걷는데 어느 날 한 남자가 그의 얼굴에 총을 들이대며 소리쳤다. 링컨이 물었다.

"무슨 일이요?"

그러자 그 남자는 총을 갖다 댄 이유를 설명했다.

"나는 나보다 못생긴 사람을 쏘겠다고 맹세했다!"

그러자 링컨이 웃으면서 말했다.

"그게 사실이라면 당장 쏘시오. 내가 당신보다 못생긴 게 사실이라면 나도 살고 싶지 않으니까."

링컨의 유머는 평범을 한 단계 뛰어넘는 고단수다. 이런 순수한 유머를 던지는 사람 앞에서 총을 마구 쏘아댈 사람은 없을 것이다.

링컨이 하원의원으로 출마했을 때였다. 합동 유세에서 그의 라이벌 후보는 링컨을 신앙심이 별로 없는 사람이라고 비난하고 나섰다. 그리고 청중을 향해 이렇게 외쳐댔다.

"여러분 중에 천당에 가고 싶은 분들은 손을 들어보세요."

그 자리에 참석한 청중들 모두가 손을 들었다. 그러나 링컨만은 손을 들지 않고 있었다. 그러자 그는 링컨을 향해 소리쳤다.

"링컨, 그러면 당신은 지옥으로 가고 싶다는 말이오?"

이 말을 들은 링컨은 웃으며 군중을 향해 외쳤다.

"천만에 말씀입니다. 나는 지금 천당도, 지옥도 가고 싶지 않소. 나는 지금 국회의사당으로 가고 싶소."

군중들은 링컨에게 박수를 보냈고 링컨은 유머 한 마디로 상황을 반전시켰다. 상대의 공격을 피하면서 유권자의 마음을 사로잡아 표를 얻는 데 이 같은 훌륭한 설득기법은 없을 것이다.

링컨과 같은 유머 설득기법을 익히려면 평소에 재치와 늘 긍정적인 마인드가 준비되어야 한다. 명심하라. 당신이 아무리 유머를 갖고 설득하고 싶어도 우선 당신의 마음이 열려 있지 않으면 그 자체가 웃음거리가 된다.

특히 당신이 협상 테이블에 나간다면 항상 좌뇌로 생각하고, 우뇌로 말하라. 인간의 뇌는 좌우로 구분하여 각기 제 기능이 다르다고 한다. 인간 뇌에 대한 연구로 노벨의학상을 받은 로저 스페리 박사에 의하면 좌뇌는 논리, 수리, 물리, 기호학 등에 뛰어난 능력을 갖고 있다면 우뇌는 언어, 감성 등 감정적이고 정서적인 유머분야에 뛰어난 기능을 보인다고 한다. 그러므로 유머리더는 우뇌를 집중적으로 연구하고, 이를 발전시켜 나가는 노력이 필요하다. 이제는 직장에서도 동료들의 우뇌를 자극하여 내 편으로 만들고, 즐거운 일터를 만들어 유머가 넘치는 조직을 만들어가는 데 우뇌를 자극하는 전략을 구사할 줄 알아야 한다.

논리적으로는 대화하고 설득하는 데는 한계가 있다. 우뇌에 에너지를 불어넣어 상호간 만족과 환희를 맛볼 수 있는 엔돌핀을 발산할 수 있도록 해야 한다. 그것이 협상에서 분위기를 리드해 나가는 일이다. 이것이 '유머설득기법'이다.

미국 역사상 가장 젊은 43세의 나이로 케네디가 대통령에 입후보했을 때다. 그가 싸워야 할 상대는 산전수전 다 겪은, 노련한 닉슨이었다. 선거의 이슈는 '경륜'이냐, '젊은 패기냐'로 관심을 끌게 되었다. 여기에 닉슨은 우위를 선점하기 위해, 케네디를 경험 없는 애송이에 불과하다고 밀어붙였다. 닉슨의 이러한 공격에 케네디는 어느 연설에서 이렇게 반박했다.

"이번 주의 빅뉴스는 국제문제나 정치문제가 아니라, 야구왕 테드

윌리엄스가 나이 때문에 은퇴하기로 했다는 안타까운 소식입니다. 이것은 무슨 일이든 경험만으로는 충분하지 않다는 것을 입증하고 있습니다."

그의 이러한 반격은 노련한 경험을 무기로 내세운 닉슨을 제압하는 데 큰 역할을 했다. 이 얼마나 장소와 시간, 상황에 절묘하게 맞아떨어지는 유머설득인가. 케네디가 노련한 닉슨을 물리치고 대통령에 당선된 비결이 바로 이런 재치 넘치는 유머를 통한 설득기법에 있었다.

케네디는 대통령 유세 기간 중에 한 기자로부터 다음과 같은 질문을 받았다.
"당신은 대통령에 당선되리라고 확신하고 있습니까?"
"물론이요."
"그럼, 백악관으로 들어가게 된다면 당신이 앉을 흔들의자에 대하여 생각해보았소?"
그러자 케네디는 웃으면서 이렇게 말했다.
"뭐라고요? 내가 어디로 간다고요? 천만에요. 그것이 지금 내게로 오고 있습니다."
이런 재치와 배짱, 자신감이 자신이 대통령이 되어야 하는 이유라는 것을 유머를 빗대어 설득하고 있다.

케네디가 백악관에 대통령으로 재직할 당시 그의 비서관과 나눈 이야기다.

"오늘 대통령께서 백악관에 들어오신 후로 백만 번째 방문객이 옵니다."

그러자 케네디는 놀란 듯이 이렇게 물었다.

"뭐야. 그런데 그는 공산주의자야, 자유주의자야, 아니면 여자야?"

이제부터 링케오 화법으로 감성을 자극하고, 상대의 지친 마음속을 파고들어 유머를 선물하라. 유머는 당신의 품격을 높이며 부드럽게 상대의 마음을 열어제치고 들어가 당신 뜻대로 잔치를 벌이게 만들어줄 것이다. 링컨, 케네디, 오바마야말로 유머리더이며 유머가 설득의 가장 강력한 무기임을 알려주고 있다.

8

2S1W 유머 기법으로
공격하라

유머화법은 간단하고 핵심적이어야 한다.

 간단하게 말하라
　　영화배우 해리슨 포드가 골든 글로브상을 수상하면서 한 말이 있다.
　"시상식에서 시간의 중요성을 알기 때문에 소감을 짧은 것과 긴 것, 두 개를 준비했습니다. 그런데 짧게 하겠습니다. 그리고 이렇게 말했다.
　"감사합니다."
　그는 잠시 뒤에 "아, 시간이 남는군요. 긴 것도 마저 하겠습니다." 그러고 나서 이렇게 말했다.
　"대단히 감사합니다."
　청중들은 그의 재치 있는 말솜씨와 간단명료한 언어구사에 박수로 답했다.

간단하고Short 명료하게 말하라. 만약에 당신이 평소에 그렇게 말하는 습관을 가지고 있다면 당신은 설득의 대가임에 틀림없다. 말을 많이 하는 것과 잘하는 것은 결코 같지 않다는 것을 명심하라. 당신이 중대한 문제로 설득을 해야 할 입장이라면 핵심만 준비하라. 나머지는 상대가 알아서 처리하게 하라. 미주알고주알 처음부터 끝까지 다 말하려든다면 상대는 핵심이 없는 당신에게 등을 돌릴 것이다.

오바마의 말은 단순하기 그지없다. 그래서 그의 말은 초등학교만 나온 사람도 다 알아듣는다. 그러니 그를 아는 사람이 많을 수밖에 없다. 정치인에게 자신을 널리 알리는 일은 대단히 중요한 일이다. 하지만 어렵고 전문가적인 견해를 담은 난해한 말을 늘어놓는다면 누가 그를 알고 그를 따르며 지지하겠는가. 그는 미국이 변해야 한다는 것을 역설하면서 간단하게 말했다.
"변해야 합니다."
왜 변해야 하는지는 말이 없다. 하지만 그의 간단한 이 한 마디는 변화의 필요성을 느끼게 하는 메시지를 담고 있다. 프로는 간단하고 단순하게 말한다. 여기서 단순함이란 경박함이나 부족함을 의미하는 것이 아니라 핵심을 말한다. 반면 아마추어는 길고 장문의 문장을 사용한다. 오바마의 연설을 들어보면 그는 단순하면서 핵심적인 메시지만 던진다. "변하자!"는 것이 그것이다. 여기에 더 부연 설명할 것이 무엇이 있겠는가. 불필요한 말을 없애고 군더더기를 가지치기하는 것이 상대를 설득하는 핵심기술이다. 엑기스만 가지고도 충분히 설득할 수 있고 공감을 만들어갈 수 있다. 명심하라. 준비 없는 자는 말을 많이 하고 제대로 된 설득 전문가는 간단하고 정교한 말을 한다.

핵심을 전하라

옛말에 '촌철살인'이라 했다. 또한 '세 치의 혀가 육신을 죽인다.'라고 했다. 이는 언어의 위력을 말해주는 것으로서 대인관계에서 그 중요성을 잘 대변하고 있음을 엿보게 한다. 언어는 곧 인간이라는 말이 있다. 사람이 어떠한 언어를 사용하느냐는 곧 그 사람이 누구인가를 말해준다는 것이다. 말 한 마디를 들음으로써 그 사람의 교육수준, 가치관, 직업, 개성 등을 엿볼 수 있다. 더욱이 설득하기 위해 마주앉은 자리에서 자신이 무슨 말을 전하려 하는지 정확한 의도나 핵심적인 줄거리를 갖지 못하면 상대에게 끌려다니게 된다. 그래서 2S1W기법의 두 번째 요소는 소금맛 나는 핵심적인 메시지를 가지라는 것이다. 백 마디 말보다는 핵심적인 말 한 마디가 효과적이기 때문이다. 이는 오바마와 매케인의 대화 내용을 들어보면 확연히 느낄 수 있다. 매케인은 과거의 치적을 늘어놓으며 자신이 미국을 구한 것처럼 많은 말을 하지만 유권자에게 와 닿는 핵심적인 내용은 별로 없었다. 그러나 오바마는 많은 말은 하지 않지만 "우리는 변할 수 있다."는 화두를 던짐으로써 미래지향적인 비전을 나누고 미래의 아름다운 나라를 보여주는 핵심적인 콘셉트를 보여주었다. 핵심 없는 말을 늘어놓기 시작하면 말수는 늘어나지만 상대방을 설득하기는 더욱 어려워진다. 한 마디로 그런 당신을 '핵심이 없는 사람.', 혹은 '함께 비즈니스할 수 없는 사람.'으로 낙인찍게 된다. 그러니 애매하고 두루뭉술하며 뼈대 없는 말을 하지 마라. 이는 아무리 밖에서 볼 때 건축물이 화려해보여도 골격 없이 바람에 휘날리는 집과 같다. 한 마디 말이라도 소금 맛처럼 짜고 핵심을 전하는 말을 준비하라.

당신이 무슨 일을 하든, 당신의 됨됨이나 인격은 당신의 말을 통해서 드러나고 판단된다. 그러니 당신이 누구라는 것을 간단하면서 핵심적으로 전할 수 있어야 한다. 그렇지 못한 경우는 차라리 침묵이 낫다고 말한다. 특히 협상에서는 말 한 마디로 인하여 위기에 처할 수도 있고, 목적을 이룰 수도 있다. 역사적으로 보면 설화를 통하여 목숨을 잃은 경우도 허다하고 또한 말 한 마디로 빛을 본 사례도 부지기수다.

'당신의 입속에 들어 있는 말은 당신의 노예이지만 입 밖에 나오면 말은 당신의 주인이 된다.'는 유대인의 속담이 있다. 그러니 당신이 하는 말에 의하여 당신이 평가되고, 그로 인하여 당신의 품격이 결정된다. 말이 입 밖에 나와 당신을 함부로 부리지 못하도록 말의 선택에 신중을 기하라. 아쉽게도 우리나라는 말의 가치를 가르치는 교과과정이 없는 실정이다. 초등학교에서부터 대학을 졸업할 때까지 말하는 법이나 말의 가치에 대하여 일부 대학의 전공을 제외하고는 찾아볼 수가 없다. 정작 사회에 나오면 이 말 때문에 고생하고 갈등을 겪고 애를 먹는 경우가 허다한데 말이다. 어쩌면 사회생활은 '말의 다리'를 오가는 여행이 아닌가 싶다. 그러다보니 직장에서는 많은 시간과 예산을 투입하여 커뮤니케이션 기법이나 의사표현 방법, 협상기법, 갈등조정 기술과 같은 기본적인 문제를 가르치는 데 예산을 낭비하고 있는 실정이다.

내가 지도하고 있는 워크숍에 오는 분들의 동기를 물어보면 대게 이렇다.

"정확하게 의사를 전달하는 기술이 부족하다."

"리더의 자리에 오르다보니 말의 힘을 느끼게 된다."

"업무 능력보다는 동료 간 커뮤니케이션의 문제가 크다."

"말 하나 잘하면 연봉까지 오르는 것 같다."

나는 사람들의 애기를 들으면서 왜 어른이 되어서 이런 기본적인 말훈련에 시간을 낭비해야 하는가를 생각해본다. 그것은 간단하다. 말의 가치를 소중하게 생각하지 않았기 때문이다. 말의 힘을 평소에 무시하며 살아왔기 때문이다. 말이 자신의 꿈을 이루게 하고 주변사람들과 시너지를 낼 수 있다는 평범한 진실을 무시하며 살아왔기 때문이라고 생각한다. 어른이 되어 말을 제대로 배우기 위해 팔을 걷어부치는 이유를 알 수 있다. 말이 곧 능력이기 때문이다. 나는 이 책 앞부분에서 이렇게 주장했다.

"말을 못하는 사람은 없다. 그러나 제대로 잘하는 사람은 드물다."

이는 나도 예외가 아니다. 늘 대중 앞에서 강의하고 심지어 말을 잘해보자고 강의를 진행하지만 말을 어떻게 하면 제대로 잘할 수 있을까를 고민하며 살고 있다.

조조에게는 세 아들이 있었는데 첫째 조비가 왕위를 이어 받았다. 그런데 셋째 아우인 조식의 인품과 재주가 뛰어나 늘 신경에 거슬렸다. 결국은 백성들이 오히려 조식을 따르려 한다는 소문을 듣고 그를 죽일 계획을 세웠다. 조비는 아우 조식을 불러놓고 이렇게 말했다.
"네가 그렇게 재주가 뛰어나다고 하는데 지금 내 앞에서 일곱 걸음 이내에 시를 지어라. 그렇지 못하면 너는 죽음을 면치 못할 것이다."
형의 명령을 받은 조식은 이 자리에서 시를 짓는데, 이것이 그 유명한 '七步詩칠보시'다.

煮豆燃豆其 자두연두기
豆在釜中泣 두재부중읍
本是同根生 본시동근생
相煎何太急 상전하태급

'콩깍지를 태워 콩을 삶네.
콩은 가마솥에서 우네.
원래 한 뿌리에서 나왔거늘
서로 볶기를 어찌 그리 급한가?'

서로 한 뱃속에서 나왔거늘, 형이 어찌 아우를 죽이려 드느냐는 의미를 콩과 콩깍지에 비유하여 핵심적임 시구를 구성한 것이 돋보인다. 조비는 이 시를 듣고 아우의 재능에 감탄하며, 크게 깨달아 뉘우치고 아우가 행복하게 살도록 배려했다고 한다.

나는 이 칠보시를 통하여 '말이 곧 생존의 무기'가 될 수 있다는 것을 깨닫게 되었다. 그래서 나의 강의를 진행할 때는 반드시 이 시를 읽어주고 수강생들과 토론한다.

조식이 생명을 구한 것은 핵심적인 시구를 통하여 자신의 언어를 전달할 수 있었기 때문이다. 이처럼 말이 생명을 갖고 설득력을 높여나가기 위해서는 소금처럼 짜고, 독특한 콘텐츠를 가져야 한다.

위트 있게 말하라

2S1W의 세 번째 요소는 위트Wit있게 말하는 것이다. 앞의 링케오 화법에서 유머의 가치에 대하여 말했지만 유머는 대인관계를 부드럽게 만드는 윤활유 역할을 한다. 나는 강의할 때마다 참기름을 가지고 다니라고 말한다. 아무리 식재료가 신선하고 품질이 좋은 재료로 비빔밥을 짓는다 해도 그것만으로 비빔밥의 맛을 느낄 수는 없다. 마지막 참기름 한 방울이 들어가지 않으면 비빔밥의 참맛을 알 수 없는 것이다. 당신이 던지는 말도 다를 바 없다. 아무리 고품격 언어를 구사하고 말을 많이 해도 달콤한 뉘앙스를 풍기는 위트감각이 없다면 식상하고, 신선한 느낌을 줄 수 없다. 때로는 재치 있게 때로는 재미있게, 게다가 웃음을 나누는 대화는 인상적이며 당신을

오래 기억하게 만든다.

또한 위트 있는 말이 벽을 허물고 대화의 품격을 높여나간다. 당신이 반드시 뭔가를 설득하여 성과를 내야 하는 자리에서 말한다면 반드시 거기에 맞는 위트감각을 가지고 가라. 참기름처럼 고소한 향과 맛을 내는, 참기름 화법이 당신을 맛있게 하고 돋보이게 함은 물론이다.

전라도 할머니 두 분이 미국으로 이민을 갔다. 두 할머니는 아는 분도 없고 심심할 때면 서로의 집을 번갈아 갔다. 어느 날 한 할머니가 초인종을 눌렀다. 이때 안에 있던 할머니가 서투른 영어로 물었다.
"Who래유?"
그랬더니 밖에서 초인종을 누르던 할머니는 이렇게 말했다.
"Me랑께"
재치 있는 말로 소통을 이루어나가는 두 할머니는 행복하다. 서투르지만 위트 있게 커뮤니케이션하는 두 분이야말로 위트감각으로 낯선 땅에서 외롭지 않게 살아가는 분들이다.

"위트감각을 살려나가기 위해서는 어떤 훈련이 필요하죠?"
워크숍을 진행할 때마다 가장 많이 받는 질문이다. 자신은 아무리 위트 있게 말을 하고 싶어도 그것이 되지 않아 고민이라는 것이다. 그동안 나의 경험으로 볼 때 위트감각을 키워나가는 비법이 있다.
내가 수강생들에게 들려주는 비법은 이런 것들이다.

-속담을 자주 읽어라.

-명언, 명구를 많이 외워라.

-신문광고 문구를 소리 내어 읽어라.

-위트감각이 넘치는 사람들과 자주 어울려라.

-평소에 독서를 게을리하지 마라.

-재미있게 말하기 위해 노력하라.

-알고 있는 유머가 있다면 반드시 알려라.

말은 배우는 게 아니라 습관을 길들이는 게 중요하다. 결국 당신이 오늘 하는 말은 그동안 습관화된 결과다. 그러니 늘 위트감각을 키우기 위해 노력하는 것이 좋은 말습관이 될 수 있다. 말은 품위가 있어야 한다. 믿음이 있어야 하고, 공감할 수 있어야 한다. 말은 생명이 있어야 한다. 설득력이 있어야 하고, 상대방 수준에 맞는 언어를 택할 수 있어야 한다. 많아도 문제, 적어도 문제가 된다. 최적의 상황을 파악하는 자가 말을 잘하는 사람이다. 말이 많으면 많을수록 신뢰감이 떨어진다는 말이 있다. 그러니 2S1W기법을 제대로 활용할 수 있다면 당신의 말을 듣는 사람은, 이미 당신의 말에 절반은 설득이 된 셈이다.

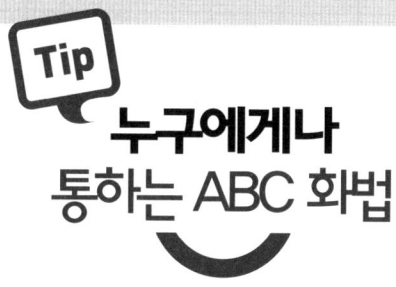

Tip 누구에게나 통하는 ABC 화법

ABC 화법은 말 그대로 모든 화법의 기초가 된다. 우선 상대에게 잘 다가가는 (Approach) 것이 중요하다. 그리고 신뢰의 다리를 놓아야(Build Rapport)하며, 마지막으로 상대에 맞는 말을 맞춰(Customization)야 한다. 상대에게 친근감 있게 접근하여 신뢰를 주고 그에게 맞는, 맞춤 화법을 구사하면 어떤 대화에서도 득을 볼 수 있다. 이를 반대로 말하면 일방적으로 밀어붙이고 자기중심의 말을 늘어놓으면 이기는 대화가 될 수 없다는 것이다. 특히 유머는 상대에 따라 신중해야 한다. 자칫 오해를 불러일으키고 썰렁해질 수 있으니 말이다.

⑨ 상대의 언어로 설득하라

설득의 기본은 '상대의 언어'를 찾아 말하는 것이다.

 오랜만에 친구들과 소주를 나누고 나이트클럽에 간 적이 있다. 술기운이 돌기 시작하자 음악에 맞춰 즉석 만남을 하기에 바빴다. 친구들 모두 즉석 만남을 하여 춤을 추는데 유독 가장 멋지게 생긴 친구만 혼자 술을 먹고 있었다. 그 친구를 유심히 관찰해보니 그가 하는 말에 문제가 있었다. 우리들은 여자 앞에 서면 예의를 갖추고 "실례하지만 이 좋은 음악과 함께 춤 한 번 춰주실 수 있을까요?"라고 다가서는데 그 친구는 자신의 언어방식만 고수하는 것이었다. 마침 새로운 여자를 발견하더니 그녀에게 다가가 이렇게 말하는 것이었다.

"출까요?"

이런 말을 들은 여자가 "춰요!"라며 응할 여자가 몇이나 되겠는가.

그 친구는 밤새 혼자 술을 마시더니 나이트클럽을 떠났다.

설득의 기본은 '나의 언어'가 아닌 '상대의 언어'를 찾아 말하는 것이다. 이것이 맞춤식 화법이다. 당신이 정치인이라면 노동자를 만날 때는 노동자의 언어로 말하고, 농민을 만날 때는 농민들이 사용하는 언어를 택하라. 게다가 어린이를 만날 때는 반드시 어린이의 언어를 가져야만 설득할 수 있다. 당신이 만약 기업의 CEO라면 생산직 직원을 만날 때 그들의 언어를 찾아 말하라. 영업직 직원을 만날 때는 당신이 영업사원이 되어 있어야 한다. 그래야 그들이 마음을 열고 당신에게 다가온다. 아무리 현란한 언어를 늘어놔도 그들의 마음을 열기에는 역부족이다. 그들은 자신과 당신의 컬러가 다르다고 느끼기 때문이다. 그러니 당신이 먼저 "나는 당신과 같은 컬러를 갖고 있다."는 것을 말해주어야 한다.

이처럼 상대방의 언어로 말하기 위해서는 다음과 같은 기법들이 있다.

- 무엇을 말하는가보다 상대가 누구인가를 알아라.
- 어떻게 말할 것인가보다는 어떤 언어를 택할 것인가를 알아라.
- 나의 언어가 아니라 상대방이 즐겨 쓰는 언어를 찾아라.
- 나의 입장이 아니라 상대의 입장에서 말하라.
- 이기려 들지 말고 공감을 나누어라.

"윈-윈이란 '기법'이 아니다. 그 대신 이것은 '인간관계의 절대적인 철학'이다."라고 스티븐 코비는 말한다. 스티븐 코비의 말은 참으로 당연한 지적이다. 더욱이 대화에서 일방적으로 자신의 입장을 말하고, 상대의 입지를 배려하지 않는다면 당신은 폭군이나 다름없다. 폭군이 반드시 칼을 빼들어야만 폭군은 아니다. 말을 제멋대로 하여 상대에게 패배를 안겨주는 것은 칼로 벤 상처보다도 오래간다. 그래서 나는 늘 이기는 대화에 주력하지 말고 윈-윈하는 대화를 하라고 한다. 그것이 설득의 기술이기 때문이다. 말 한 마디로 천 냥 빚을 갚는다. 하지만 말을 잘 못하면 만 냥의 빚을 지게 되는 것이다. 이것은 그동안 쌓은 관계를 일순간에 무너뜨릴 수 있다는 말이다. 그래서 나는 이런 법칙을 만들었다.

'100-1 = -100'

백 번 잘하다가 한 번 잘 못하면 그것은 -100과 같다는 것이다. 이는 오늘 일만 망치는 것만이 아니라 과거의 관계나 우호적인 이미지를 단번에 무너뜨릴 수 있다는 것이다. 그러니 말을 신중히 해야 하고 상대에게 상처를 주는 말에 신경 써야 함이 얼마나 소중한 일인가를 알게 된다.

"우리가 말을 통제하는 것이 아니라, 말이 우리를 통제하는 것."이라고 움베르트 마투라나는 말한다. 그러니 한 마디의 말이 벽이 될 수 있음을 알아야 한다.

가시에 찔린 적이 있는가. 말에 찔린 적이 있는가. 어떤 상처가 더 오래 당신을 괴롭혔는가. 말을 잘하고 설득하기 위해서는 먼저 상대가 잘하는 말, 그가 즐겨듣기를 원하는 말을 사용해야 한다. 그래야 상대를 껴안을 수 있다. 무심코 당신이 사용하는 말에는 두 가지 유형이 숨겨져 있다. 상대를 내 안으로 끌어들이는 '풀링언어 Pulling word'와 말을 함으로써 상대를 움츠리게 만들고 달아나게 하는 '푸싱언어 Pushing word'가 그것이다. 어떤 스타일이 설득의 말인가는 분명하다. 그럼 두 가지 유형의 사례를 보자.

'풀링언어'의 사례

- "당신 말에 일리가 있어요."
- "어쩜 내 생각과 이리도 일치하죠?"
- "맞아요. 바로 그 거예요."
- "더 좋은 의견 있으신가요?"
- "전적으로 동감합니다."
- "당연히 그렇게 해야 하죠."
- "어떻게 하면 좋을까요?"
- "당신 말이 바로 내 말이라구요."
- "당신이 원하는 대로 하죠."
- "모두가 당신 생각을 좋아할 겁니다."

'푸싱언어'의 사례

- "그건 당신 생각이죠."

-"내 말을 들어보세요."

-"나는 그 말에 동의할 수 없군요."

-"왜 꼭 그렇게 해야만 하죠?"

-"그런 발상은 어울리지 않아요."

-"왜 자꾸 똑같은 말을 해야 하죠?"

-"나는 당신 생각이 이해가 안 돼요."

-"내 방식대로 하는 것이 이치에 맞아요."

-"그 정도로 밖에 생각 못해요?"

-"당신은 왜 늘 그런 식이죠?"

만약 당신이 누군가로부터 말을 듣는 입장이라면 어떤 유형의 말을 하는 사람에게 마음을 열 것인가. 그러니 늘 풀링언어로 상대방을 끌어들여라. 이것이 상대의 언어로 말하여 설득력을 높여나가는 기술이다. 명심하라. '자신만의 언어'를 즐기는 만큼 설득력은 떨어지고 상대는 달아난다.

먼저 설득하지 마라. 그러면 상대는 방어적으로 나올 것이다. 그러니 먼저 설득당하라. 그러면 상대는 긴장을 풀 것이다. 그리고 상대가 충분히 말을 많이 하도록 리드하라. 자신이 원하는 목적을 이루었다는 느낌을 갖게 유도하라. 그리고 나서 당신이 말하라. 사람은 대화 중 심리적으로 자신을 방어하려는 본능을 가지고 있다. 이 벽을 허물도록 분위기를 만들어주는 것이 역으로 상대를 쉽게 설득하는 길이다.

10
설득의 달인이 되려면 BMW를 타라

이기는 대화를 하는 사람들은 유머를 달고 다닌다.

 나는 요즘 기업체나 사회단체를 다니면서 'BMW 타기 운동'을 펼치고 있다. 5년 전부터 이 차를 직접 타보니 안전하고 재미있으며 행복하다는 것을 알았기 때문이다. 비록 비싸 보이지만 마음먹기에 따라서는 누구나 쉽게 구입할 수 있다. 이런 나의 BMW 타기 운동에 여러분도 동참해보기 바란다. 우리 사회가 BMW로 넘치는 낙원이 될 것이다.

모 제약회사에서 '유머 커뮤니케니션 기법'이라는 주제로 간부들을 대상으로 강의하면서 BMW 타기 운동을 펼칠 때의 일이다.

"여러분, 우리 모두 BMW 탈까요?"

이런 나의 제안에 어떤 부장이 이렇게 말했다.

"선생님, 전 이미 BMW를 타고 있어요."

나는 반갑게 어떤 BMW를 타느냐고 되물었다.

"전 집에서 10분간 Bus버스를 타고 나와서 중간에 Metro지하철로 갈아타고 다시 Walking걸어서해서 회사에 와요. 제 BMW를 교수님께 팔고 싶어요."

돈도 들지 않고 건강을 지켜주는 친구인 BMW를 타고 다니니 기분이 좋아진다는 것이다. 강의장은 순간 BMW의 정체가 알려지면서 웃음바다로 변했다.

그래서 우리는 서로 각자가 갖고 있는 BMW를 교환하기로 했다. 이제부터 여러분도 BMW를 타보라. 직접 운전하면 더욱 신난다. 여러분에게도 값진 BMW를 선물하고자 한다. 내가 BMW 타기 운동을 하는 이유는 성공한 리더, 이기는 대화를 하는 사람들은 모두가 얼굴이 밝고 감성이 넘치며 유머 있는 말을 한다는 것을 알았기 때문이다. 오바마를 보라. 그는 늘 웃는다. 그리고 감성적인 말을 한다. 게다가 그는 유머 있는 말이 대부분이다. 그러니 그의 말이 이기는 대화로 많은 사람들에게 감동을 주는 것이다.

1) 웃는 얼굴(Body)로 공격하라

나는 레스토랑에 들어갈 때마다 제일 먼저 보는 게 있다. 바로 직원들의 외모다. 얼굴이 밝고 웃음이 넘치면 나머지는 보지 않아도 짐작이 가기 때문이다. 아무리 화려한 인테리어로 치장을 해도 직원들이 웃지 않으면 죽은 매장이나 다름없다. 이것이 바로 외모관리에서 얼굴에 대한 가치를 말해주는 것이다. 우리도 마찬가지 아닐까. 아무리 화려하게 비싼 옷으로 치장을 한들 웃음이 없는 얼굴을 누가 신뢰하고 반기겠는가. 아무리 말을 잘해도 얼굴이 굳어 있으면 신뢰가 가지 않는 이유가 여기에 있다. 그러니 대화에서 이기고 싶은 사람은 우선 자신의 얼굴을 관리할 수 있어야 한다. 얼굴이야말로 가장 강한 무기이기 때문이다.

4년 전 국내에서는 모대학교에 처음으로 얼굴경영학과가 생겼다. 한 마디로 웃으라는 것이다.

그날 나는 강의하면서 간부직원들에게 이런 질문을 했다.

"살아 있는 사람과 죽은 사람의 차이는 무엇일까요?"

그랬더니 어떤 간부직원이 이렇게 답했다.

"살아 있는 사람은 먹을 수 있지만 죽은 사람은 먹을 수 없죠."

물론 그 분은 비만환자처럼 살쪄보였다. 게다가 책상 위에는 음료수와 과자, 과일 등 먹을거리가 다른 사람들보다 많은 것이 눈에 띄었다. 그런데 살아 있는 자와 죽은 자의 차이는 간단하다. 죽은 자는 항문이 열려 있지만 입이 닫혀 있으며, 살아 있는 자는 입이 열려 있지만 항문이 닫혀 있다는 것이다. 웃는 얼굴에, 열린 입 모양이 살아 있는 사람들의 증거라는 것이다.

사람의 얼굴과 낙하산의 공통점이 있다. 펴져야 산다는 것이다. 여러분은 이제 곧 치열한 삶의 무대에 안착해야 한다. 그런데 얼굴이 펴지지 않으면 어떻게 그 무대에 착륙할 수 있겠는가. 얼굴은 나를 세상에 알리는 소개장이다. 그런 면에서 얼굴은 각자 인생을 알리는 간판인 셈이다. 오늘 어떤 간판을 달고 나갈 것인가부터 고민해야 하지 않겠는가. 로버트 치알디니는 《설득의 심리학》이라는 책에서 "호감 가는 외모를 지닌 피의자가 무죄 판결 받을 가능성이 높다."는 연구결과를 내놓고 있다. 하물며 죄수도 이러하거늘 일상생활 속에서 웃는 얼굴이 주는 힘이 얼마나 크겠는가.

닉슨은 대통령 선거에서 케네디에게 패했다. 그는 젊은 애송이에게 패한 것이 분하기도 하지만 그 이유를 알 수 없었다. 그런데 어느 날 그는 자신이 선거에 패한 분명한 이유를 찾을 수 있었다. 선거 포스타나 신문, 방송에 나간 자신의 사진을 보니 입을 굳게 다물어 심각하고 진지한 표정만 있지, 웃음이 없는 것이었다. 반면 케네디는 늘 입이 열려 있고, 웃으면서 따뜻한 신뢰의 메시지를 보내고 있다는 것을 발견했다. 순간 닉슨은 자신이 대통령 선거에서 패배한 원인이 웃음기 없는 얼굴 때문이라는 것을 깨달았다. 그때부터 닉슨은 웃음 스트레칭을 하고 매일 거울을 들여다보면서 웃는 연습을 했다. 결국은 다음 번 대통령 선거에서 그는 승리할 수 있었다. 닉슨을 잘 아는 사람들은 그의 대통령 당선 비결을 이렇게 말한다.

"닉슨이 대통령에 당선된 것은 자신의 굳은 얼굴을 바꿨기 때문이다."
'한 번 웃으면 인상이 바뀌고 매일 웃으면 인생이 바뀐다.' 라고 한다. 우리는 닉슨을 통하여 이 평범한 진리를 확인할 수 있다.

의학용어에 '비사용성 위축Disuse atrophy'이라는 말이 있다. 사용하지 않으면 퇴화한다는 것이다. 얼굴 근육도 풀어주지 않고, 웃지 않으면 결국 우리의 운명마저 딱딱하게 묶어둘 것이다.

서양에서는 웃음을 '뇌에서 뀌는 방귀'라고 한다. 여러분은 어떤 얼굴로 세상에 나설 것인가. 방귀를 뀌지 못하여 얼굴이 노란 상태로 나설 것인가. 아니면 세상을 녹일 만한 아름다운 웃음꽃으로 나설 것인가. 백 마디 말보다는 따뜻한 미소가 설득력이 있다. 웃는 얼굴이 신뢰가 가기 때문이다. 웃음이 없는 얼굴로 아무리 많은 시간 대화를 나누어도 공감대가 형성될 수 없는 이유가 여기에 있다. 그러니 지금 당장 결정하라. 웃으면서 말할 것인지, 굳은 얼굴로 말할 것인지. 이것이 BMW를 타기 위한 첫 번째 조건이다.

2) 감성(Mood)으로 상대를 행복하게 하라

감성지수EQ: Emotional Quotient의 창시자인 다니엘 골먼은 이렇게 주장한다.

"한 쪽 날개만으로 날 수 있는 새는 없다. 가슴과 머리^{감정과 사고}가 어우러질 때 비로소 타고난 리더십을 발휘할 수 있다. 감정과 사고, 이 둘은 리더가 하늘 높이 비상하기 위해 갖추어야 할 양날개와 같은 것이다."

그는 또 "위대한 리더는 감성을 통하여 지도력을 발휘한다."라고 말한다.

아이슈타인이 죽기 3일 전에 그의 친구들과 가족들이 모였다. 그 중 어떤 사람이 그에게 이런 질문을 했다.

"자네가 위대한 업적을 남기고 세상을 떠나는데 한 가지 후회되는 것이 있다면 무엇인가 말해보게."

그러자 아이슈타인은 이렇게 말했다.

"좀 더 재미있게 살았으면 좋았을 텐데……."

그 위인은 우리에게 재미있게 살라는 유언을 남기고 떠났다. 여러분은 아직도 가정에서나 학교, 사회에서 지식을 쌓으면 무조건 성공할 수 있고, 1등을 하면 행복할 것이라는 가르침을 받고 있다. 하지만 진짜 성공하고 행복한 삶을 사는 사람들을 분석한 자료를 보면 그것이 옳지만은 않다는 것을 알 수 있다. 성공한 사람들은 늘 마음이 열려 있고, 기분 좋은 상태를 유지하며, 감성을 중시한다는 것이다. 한 마디로 무드가 없는 사람은 어딜 가나 인기가 없다. 그런 사람이 자기 자신에게는 위안을 받을 수 있겠는가. 좌뇌와 우뇌를 골고루 사용하면서 감성역량을 모아갈 때 감성사회의 리더가 될 수 있을 것이다.

아무리 말을 많이 늘어놓아도 감성적인 공감대가 없으면 원하는 성과를 기대할 수 없다. 대화를 통하여 감성을 교류하고, 서로의 입지를 인정한다면 그 대화는 성공이라 말할 수 있다. 그래서 말을 재미있게 하는 사람들이 성공할 가능성이 그만큼 큰 것이다. 반대로 성공한 사람들은 늘 재미있게 말하는 습관을 갖고 있다.

현대판 개미와 베짱이 이야기를 들어보자.

개미는 열심히 땀 흘리며 일하는데 베짱이는 노래만 부르며 놀이에 빠져 있다. 개미는 속으로 분명히 겨울이 되면 베짱이가 자기 집에 식량을 구하러 올 것이라는 확신을 갖고 더 열심히 일했다. 그런데 겨울이 되어도 베짱이는 식량을 구하러 오지 않았다. 개미는 베짱이가 굶어죽을지도 모른다고 생각하여 먹을 것을 가지고 베짱이 집에 갔다. 그런데 놀라운 일이 벌어졌다. 여름 내내 놀기만 하던 베짱이가 화려한 궁궐에 살고 있는 게 아닌가. 개미는 궁금해서 물었다.

"넌 여름 내내 노래만 부르고 놀기만 했는데 이게 어찌된 일이야?"

그러자 베짱이는 웃으면서 이렇게 말했다.

"노래만 부르며 신 나게 살았더니 음반회사에서 음반을 내줘서 대박 터졌다네!"

열심히 일만 했던 개미는 디스크에 걸려 다리를 절면서 집으로 돌아왔다.

당신은 무조건 땀 흘리며 일만하는 개미가 될 것인가, 아니면 베짱이처럼 노래만 할 것인가.

여기에 대해서 이어령 박사는 이렇게 답한다.

"요즘 세대는 개미가 되어서도 안 되고 배짱이가 되어서도 안 된다. 그들은 개짱이가 되어야 한다."

개미와 베짱이의 좋은 점을 본받아 자신만의 무기를 만들어보라. 재미, 놀이, 창의성을 자극하는 감성리더십을 발휘하라. "오늘은 신이 내려주신 날, 그 안에서 즐거워하고 기뻐하라"고 프랭크 티볼트는 말한다. 감성적인 마인드가 준비되어야 감성적인 대화를 즐길 수 있다. 그것이 BMW를 타는 두 번째 조건이다.

3) 재미있는 말(Word)로 상황을 뒤집어라

성공한 사람들의 공통점은 늘 긍정적인 언어로 무장되어 있다는 것이다. 긍정적인 언어에서 백미는 유머다. 심리학자 융은 "유머란 오직 인간만이 가질 수 있는 신성한 능력"이라고 말했다. 헨리 와드 비쳐도 "유머감각이 없는 것은 스프링 없는 마차와 같다. 길 위의 모든 조약돌마다 삐걱거린다."라고 말했다. 유머는 인간관계를 부드럽게 만드는 윤활유와 같은 역할을 한다.

프로이트는 "유머의 성공은 메시지보다는 전달 방법에 달려 있다."고 말한다. 어떤 상황에서도 상대방의 웃음을 끌어내는 유머가 있다면 이게 세상을 내 편으로 만드는 비결이 아닐까.

"유머는 가장 강력한 커뮤니케이션 도구."라고 말콤 큐슈너는 말한다. '우장우해寓仗于諧', 유머로 빗대어 말해보라. 아마 촌철살인의 효과를 거둘 것이다. 유머 있는 언어로 무장하는 것, 이것이 BMW를 타는 세 번째 조건이다.

성공한 사람들의 공통점은 무엇일까. 그들은 어떤 상황에서도 BMW를 타고 다닌다는 것이다. 그럼 이 BMW는 어떤 연료로 달릴 수 있을까. 바로 '긍정의 에너지'다. 긍정적 사고와 마음이 아니면 어떤 상황에서도 시동이 걸리지 않는 특수차량이기 때문이다. 오늘부터 여러분도 당장 BMW를 타보라. 기름 값도 들지 않으면서, 원하는 곳이 어디든지 쉽게 갈 수 있고, 가는 곳마다 인정받는 사람으로 변할 것이다.

천안함 사태를 논의하기 위해 2010년 7월 미국의 힐러리 클린턴 국무장관과 로버트 케이츠 국방장관이 동시에 한국을 방문했다. 이는 이례적인 일로 그만큼 한국과 미국의 우호관계가 돈독하다는 것을 세계에 보여주는 계기가 되었다. 이들이 청와대로 대통령을 예방하기 위해 방문했을 때 이명박 대통령은 이런 유머를 던졌다.

"아니 태평양은 누가 지키고 여기 다 오셨습니까?"

이런 대통령의 위트 넘치는 화법은 타이밍과 상황을 잘 고려한 BMW 화법이 아닐 수 없다. 환하게 웃으면서 악수를 나누며 감성적인 무드를 조성하여 위트를 날렸으니 이 책에서 주장하는 제대로 된 유머 화법이 아닐 수 없다.

"지금부터 BMW를 타라!"

그럼 머지않아 진짜 BMW 승용차의 뒷좌석에 앉아 있는 자신을 발견할 것이다.

이처럼 이기는 대화를 하는 사람은 늘 얼굴이 밝고 웃음이 넘친다. 감성을 교류할 줄 알며 언제나 입에 유머를 달고 다닌다.

유머처방전
설득의 달인이 되는 길

지금까지 배운 내용을 중심으로 당신이 설득의 달인에 이르는 비결을 정리해 보라. 커뮤니케이션의 궁극적인 목적은 정확한 의사표현을 통하여 상대를 설득하고 원하는 것을 얻기 위함이다. 경청을 잘하고 질문을 잘하는 기술은 그 자체가 목적이 아니라, 상대를 내 편으로 만들고 설득하여 원하는 것을 얻기 위한 것이다.

- 유머를 던져야 할 시점을 정확히 판단한다.
- 상황에 맞는 유머만 터트린다.
- 말하고자 하는 핵심을 정확히 요약하여 전한다.
- 좌뇌로 생각하고 우뇌로 말한다.
- 유머로 거리를 좁히고 웃음을 이끌어낸다.
- 말할 때 긍정적인 태도를 견지한다.
- 재미있는 분위기 연출로 신뢰감을 형성한다.
- 딱딱하게 말하지 않고, 호감 가는 얼굴로 접근한다.
- 유머는 지나치지 않게 간단명료하게 사용한다.
- 유머만 주지 말고 말하고자 하는 내용을 유머로 포장한다.

제5장

똑똑한 사람보다 유머 있는 사람이 되라

유머가 경쟁력이며
말하는 사람의 품격을 높인다.

유머 한 마디가
백 마디 말을 이긴다

유머야말로 긍정언어의 극치를 보여준다.

 어떤 악덕 건축업자가 죽어서 염라대왕 앞으로 가게 되었다. 염라대왕은 천국과 지옥을 보여주면서 가고 싶은 곳을 택하라고 했다.

"네가 가고 싶은 곳으로 보내주겠다!"

지옥은 그가 지금껏 상상하고 있었던 것과는 많이 달랐다. 사람들 모두가 춤을 추고 즐거워하는 것 같았고 반면 천국은 조용하기만 한 것이, 사람들이 하루종일 기도만 하고, 너무 재미없을 것 같았다. 그래서 그는 지옥을 선택했고 염라대왕은 그를 지옥으로 보냈다. 그런데 이게 웬일인가, 아까 본 지옥과는 달리 그가 간 지옥은 사람들이 너무나 고통스러운 얼굴을 하고 있었다. 그는 염라대왕에게 따졌다.

"아니, 이게 어떻게 된 일이오? 염라대왕도 거짓말하오? 아까 본 것과는 다르지 않소?"

그러자 염라대왕이 이렇게 말했다.

"아까 그건 모델 하우스였소이다!"

"당신 안에 불평하는 토끼와 긍정적인 토끼가 한 마리씩 있다고 가정해보자. 그럼 이들 두 마리가 싸우면 어떤 토끼가 이길까?"

힘 센 토끼가 이길까, 아니면 싸움 잘하는 토끼가 이길까. 답은 간단하다. 여러분이 먹이를 많이 주는 토끼가 항상 이긴다. 여러분은 어떤 토끼에게 먹이를 많이 주는가? 부정적인 생각을 많이 하는 사람은 늘 불평하는 토끼에게 먹이를 주는 꼴이 된다. 그러므로 불평하는 토끼의 지시에 따라 말하고 행동하게 된다.

당신은 평소에 긍정적인 언어를 구사하는가?, 아니면 부정적인 언어를 사용하는가? 인간은 언어를 사용하는 동물이다. 그런데 요즘 우리들이 사용하는 언어 수준이 갈수록 품위를 잃어가고 있어 걱정이다. 심지어 초등학생들마저도 욕설 섞인 말투가 사회문제가 되고, 비뚤어진 언어가 인성 교육에 큰 걸림돌이 되고 있다. 그러나 '창세기 이래 욕을 잘해서 성공한 사람은 없다.'는 것을 명심하라. 말 한 마디로 천 냥 빚을 갚는데 어찌 갈수록 우리 사회의 언어가 혼탁해지는지 묻고 싶다.

이쯤해서 무엇이 여러분의 품격品格을 높이는지 묻고 싶다. '品品'

자를 유심히 보라. '口입구' 자 셋이 모여야 품격을 유지할 수 있다는 것을 알 수 있다. 이는 언어의 중요성을 말해준다. 첫째는 긍정의 언어다. 대부분의 사람에게는 능력이 부족한 것이 아니라, 긍정적이지 못한 언어를 선택하기 때문에 부부관계나 자녀관계, 직장에서의 동료관계가 어려워진다. 이는 성공한 사람들은 하나같이 늘 긍정적인 언어를 사용한다는 것을 통계에서도 알 수 있다. 능력이나 기술이 부족한 것이 아니라, 당신이 사용하는 부정적인 언어가 장애가 된다는 것을 명심하라. 그러고 보면 '말맹'의 마음속에는 부정적인 기류가 싹트고 있는 경우가 허다하다. 긍정적인 말을 사용하는 것만으로도 당신 인생에 혁명을 가져 올 수 있다는 것을 믿어라.

"사고가 언어를 부패시키듯 언어도 사고를 부패시킨다."고 조지 오웰은 말한다. 조지 오웰의 이 말은 천 번 들어도 합당하다. 어떤 말이든 만 번을 하면 그것이 현실이 된다고 한다. 지금 당장 긍정의 언어로 다가가라. 그러면 당신이 원하는 목표를 이룰 것이다.

둘째는 칭찬의 언어다.

성공하는 사람들의 말은 절반이 칭찬이라는 말이 있다. 이는 말만 바꿔도 인생이 변한다는 것을 보여준다. 그런데 당신은 평소에 얼마나 칭찬 섞인 말을 늘어놓는가. 아니 최근에 들어본 가장 마음속에 남는 칭찬의 말은 무엇인가 말해보라.

"나는 달콤한 칭찬을 들으면 두 달은 거뜬하게 살 수 있다."라고 마크 트웨인은 말했다. 이것이 어찌 마크 트웨인만의 말이겠는가. 우리가 애타게 기다리는 것은 돈이나 명예가 아니다. 이불속에서,

직장에서, 학교에서, 식당에서, 협상 테이블에서 따뜻한 칭찬 한 마디를 기다리는 것이다.

칭찬 듣기를 꺼려하는 사람은 없을 것이다.

나폴레옹 장군은 칭찬받는 것을 꺼려했다고 한다. 그럼에도 불구하고 어느 날 한 병사가 찾아와서 이렇게 말했다.

"전 장군님이 칭찬받는 것을 달갑게 생각하지 않는 면이 존경스럽습니다."

그러자 나폴레옹은 그 병사의 칭찬에 매우 기분 좋아했다고 한다. 칭찬은 말습관의 문제다. 특히 우리 사회는 가정이나 학교, 사회에서 칭찬이 얼마나 놀라운 힘을 발휘하는지 제대로 가르쳐오질 않았다. 그러나 누구든지 마음만 바꾸면 칭찬의 언어로 자신의 품격을 높이고 상대를 내 안으로 끌어들일 수 있다.

그리고 셋째는 감사의 언어다.

당신은 무엇에 대하여, 얼마나, 그리고 자주, 감사를 표현하는가. 자기 혼자의 힘으로 살아갈 수 있는 사람은 아무도 없다. 그래서 감사의 표현을 자주하는 사람은 그만큼 성숙한 사람이라는 말이 있다. '감사'라는 말만으로도 경쟁력을 높일 수 있다는 경영학적인 사고를 가져보라. 아무리 멋진 사고Think를 많이 해도 그것이 내가 중심이면 감사하다는 말이 나올 수 없는 구조를 갖고 있다. 내가 변해야 감사하다는 말을 습관처럼 자주할 수 있다. 그래서 '감사Thank'의 어원이 '사고Think'라 하질 않는가. '감사感謝'라는 말을 밥 먹듯이 하라. 그럼 '감사監査' 당할 일은 없을 것이다.

실제로 미국의 한 의과대학에서 감사의 언어가 인체에 어떤 영향을 미치는지를 실험했다. 의과대학생을 대상으로 이루어진 이 실험은 감사의 말이 얼마나 놀라운 힘을 발휘하는지를 보여주었다. 두 그룹으로 나누어 실시된 이 실험은 한 집단에는 마더 테레사 수녀의 자서전을 읽게 하고, 다른 집단은 그냥 실험에 임하도록 했다. 그리고 전후로 피를 뽑아 면역력을 검사한 결과 자서전을 읽은 집단은 그렇지 않은 집단에 비해 면역력의 수치가 놀랍게 향상됐다는 연구 결과가 나왔다.

오늘부터 당장 '고미감사법'을 익혀라.

"고맙습니다."

"미안합니다."

"감사합니다."

"사랑합니다."

이것이 품격을 높이는 네 가지 말이다.

천 년을 사는 사람은 없다. 그러나 천 년 이상을 사는 말은 있다. 디오니소스는 "침묵보다 가치가 있을 때만 말하라."라고 가르친다.

'칼에는 두 개 날이 있지만, 사람의 입에는 천 개의 날이 있다.'라는 베트남 속담이 있다. 그래서 '舌설' 자를 보면 '千천' + '口구' 자로 이루어져 있음을 볼 수 있다. 입이 천 개가 모인 것이 사람의 혀라는 것이다. 그러니 무심코 던지는 말 한 마디의 영향이 얼마나 크겠는가. 그래서 옛부터 세 치의 혀가 육신을 죽이고도 남는다 했다. 말을 느리게 발음해보라. '마알'이 된다. 이는 마음속의 알맹이를 말한다.

그러니 괴테는 "언어는 그 사람의 혼."이라고 말하지 않았던가.

요즘 우리들은 '폼生폼死폼생폼사'라 하여 옷을 잘 입고 폼을 잡는 데 투자를 많이 하는 듯하다. 그런데 정작 자신의 인격에 옷을 입히는 언어 사용에는 무책임하다. 말은 여러분 자신의 인성을 드러내는 기본 중의 기본이며, 내가 누구라는 것을 세상에 알리는 신호다. 이제 '언생언사言生言死'를 외쳐보라. 말에 살고 말에 죽는다고 말이다.

할 어반은 "인간은 말을 만들고, 말은 인간을 만든다."며 언어의 가치를 말하고 있다. 이래도 준비되지 않은 말을 함부로 내뱉을 수 있겠는가. 더듬거려도 좋으니 제대로 된 언어를 사용하라. 그럴듯하게 들리는 미사여구만으로는 상대를 끌어들일 수 없다는 것을 명심하라.

거울 속의 신데렐라

말도 일종의 예술이다. 말을 통하여 자신의 사상과 감정, 내면의 세계를 드러내기 때문이다. 연설을 한다거나 회사에서 프레젠테이션 혹은 업무보고를 할 때는 반드시 거울 앞에서 연습해보라. 거울 속 자신의 말하는 모습, 행동하는 태도를 분석해보면 어색한 장면을 바로잡을 수 있다. 이른바 '거울 효과(Mirror Effect)'는 당신을 달변가로 만들어줄 것이다. 장점은 살리고, 단점은 제거하는 습관을 만들어갈 수 있다. 거울 속의 자신이 최고의 신데렐라라 생각하며 도취해보라. 말은 준비한 만큼 잘한다.

유머 있는 사람이 승진도 빨리한다

썰렁해도 유머 있게 말하라.

 아무리 위기가 닥치고 어려움이 찾아와도 평소에 유머실력을 갖추어놓으면 목숨까지도 건질 수 있는 것이 유머의 마력이다.

직업이나 사람에 따라 초보운전을 알리는 문구도 다양하다.
어느 시인의 초보운전 문구.
'초보, 그 자체.'
어떤 충청도 아줌마의 초보운전 문구.
'첨유, 박지마유.'
서울 시내 어떤 아줌마의 엽기적인 문구.
'2박3일 직진중.'

이 얼마나 재치 있는 문구인가. 뒤에서 운전하며 따라오는 사람에게 웃음을 주고 자연스럽게 초보라는 것을 알리면서 양해를 구하는 이 기법이야말로 유머 설득의 극치를 보여준다.

"의사소통을 잘하면 잘할수록 이익은 더욱 커진다."라고 존 밀턴은 말했다. 또한 "당신의 말이 곧 당신 자신"이라고 프랭크 런츠는 말했다. 이래도 품격 없는 언어를 거침없이 내뱉을 수 있겠는가? 좋은 언어습관을 가져라.

그러니 긍정의 언어를 택하라. 오늘 무심코 내뱉는 말이 곧 당신 자신임을 잊지 마라. 당신이 하는 말이 당신의 세상을 열어간다.

우리는 말을 통하여 자신의 세상을 이루어나갈 수 있다. 말은 곧 우리 자신이기 때문이다. 가정이나 직장 혹은 대인관계에서 말의 가치를 되새겨나가는 것이 참말을 이루는 일이며, 소통의 문화를 만들어가는 길이다.

어느 가정에 부부싸움이 벌어졌다. 다음 날 남편은 지방에 출장을 가서 사장님 앞에서 브리핑을 하게 되어 있었다. 그는 아내에게 이런 메모를 남겨두고 잠에 들었다.

'내일 새벽에 지방에 내려가야 하니 5시에 깨워줘요.'

그런데 다음 날 눈을 떠보니 평소와 다름없는 7시가 넘었다. 남편이 아내에게 화를 냈다. 그러자 아내가 쪽지를 보여주었다. 거기에는 이렇게 쓰여 있었다.

'여보, 일어나세요. 5시예요.'

가까운 부부관계든, 자녀관계든, 친구든, 당신이 누구를 만나든 말이 끊어지면 당신은 늘 혼자일 것이다. 게다가 당신이 원하는 성공이나 행복을 꿈도 꾸지 못할 것이다. 말은 곧 생명이며, 인생의 맥이기 때문이다.

좋은 언어를 택하는 것도, 상대방의 마음을 움직일 수 있는 감성 언어를 선물하는 것도 하나의 습관이다. 말을 배우려 하는 사람들의 성향을 보면 그들은 평소에 입에서 나오는 말이나 머리에서 나오는 말을 하려 든다는 것이다. 이렇게 말하면 유창하게 들릴 수는 있지만 감동은 주지 못한다. 입에서 나오는 말은 깊이가 없고, 설익은 말이며, 머리에서 나오는 말은 자신의 이익을 계산하며 이기려 들기 때문이다. 그러니 공자의 가르침대로 '눌언민행訥言敏行' 해야 할 것이다. 말은 느리게, 행동은 민첩하게 말이다. 말을 못한다거나 말이 서툴러 사회생활에 문제가 있다고 생각지 마라. 희망을 가지면 된다. 늘 정직하게, 개성 있고 독특하게, 명확한 목적을 갖고, 열정적으로 하면 당신도 말을 잘하는 '말의 스타'가 될 수 있다. 그러니 희망을 가져라. '나는 더 이상 말 잘하는 벙어리가 아니라, 말 잘하는 달변가.'라고 믿어라. 이제 당신은 '말맹'에서 탈출했다. 그러니 아름다운 말을 타고 멋진 세상으로 달려라.

옛날 어느 고을에 광대가 있었다. 그는 천문에 능하고, 예언자적인 자질까지 갖추고 있어 고을 수령의 사랑을 받고 있었다. 수령은 평소에 그를 불러 재미있는 이야기를 듣곤 했는데 어느 날 그만 광대는 수령의 자존심을 건드려 심히 불쾌하게 했다.

"저 놈을 당장 포박하라. 내 저 놈의 목을 당장 베리라. 감히 수령인 나를 능멸하다니?"

"감히 저 같은 미천한 놈이 수령님을 욕보이게 하다니요. 천부당만부당한 일이옵니다. 분노를 거두어주십시오."

"저 놈이 그래도, 그래, 네 놈이 그렇게 예언을 잘하고 길흉화복을 점친다니 묻겠다. 네 놈이 언제 죽을지 맞추어 보거라!"

"아뢰옵기 황송하오나, 저는 수령님보다 딱 열흘 전에 죽습니다요."

그러니 아무리 화가 난 수령인들 그를 죽일 수는 없었다.

우리나라는 군사대국이 될 수 없는가. 어떤 모임에서 이런 주제로 열띤 토론이 벌어졌다. 그 결과 우리나라가 군사대국이 될 수밖에 없는 이유가 제시되었다.

-밤낮 없이 총알택시가 거리를 누빈다.
-거리마다 대포집이 즐비하다.
-술집마다 폭탄주가 오간다.
-집집마다 핵가족으로 뭉쳐 있다.
-식당마다 부대찌개가 있다.

이렇듯 말은 사람을 죽이기도 하지만 말 한 미디로 생명을 구하기도 한다. 그래서 '언생언사言生言死'라 한다. 말에 살고, 말에 죽는다는 의미다. 유머는 인간관계의 벽을 허무는 무기와 같다. 지식이나 논리로 상대방을 설득하는 데는 한계가 있다. 두 사람 사이의 웃음은 벽을 허물고 어색함을 없애며 설사 처음 만난 자리라 하더라도 옛 친구처럼 따뜻한 관계로 발전시켜 놓는다. 광대가 이러저런 논리로 자신을 변호하려 했다면 수령은 당장 그를 죽였을 것이다. 하지만 광대가 던진 유머 한 마디 속에는 백 마디 말보다 강한 메시지가 들어 있다. 이것이 이기는 자들만 아는 유머의 법칙이다. 그러므로 유머는 이기는 자들이 갖는 권력이다. 유머는 승자가 독식하는 권력만큼 강하다. 이것이 이기는 자들만 알고 있는 유머 설득법이다.

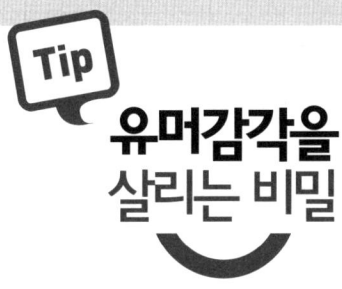

이 책에는 유머 한 마디가 백 마디 말을 이기고, 효과적인 성과를 만들어내는 사례들이 제시되어 있다. 게다가 유머 한 마디로 세상을 움직이는 촌철살인의 유머화법을 가르치고 있다. 유머는 상대방과의 공감 지수를 높이고 신뢰감을 형성하게 하며 설득력을 높이는 마법의 매력이 들어 있다. 이제 이기는 대화를 통하여 즐기면서 설득하는 유머화법을 구사해보라. 당신이 멋진 유머화법을 구사하고 싶다면 다음과 같이 노력해보라.

- 유머에 관한 책을 자주 읽는다.
- 재미있는 사람과 자주 어울린다.
- 장소와 상황에 맞는 유머를 갖고 나간다.
- 재미있는 사람들에게는 적극적인 반응을 보인다.
- 재미있는 이야기를 수집하여 자신만의 이야기로 만든다.
- 긍정적인 대화 분위기를 만들어간다.
- 상대방에게 신뢰감을 먼저 선물한다.
- 대화의 결과보다는 대화 자체를 즐기기 위해 노력한다.
- 웃는 연습을 자주하여 긴장을 해소한다.
- 상대방이 좋아하는 언어를 준비하여 공감지수를 높인다.

3
결정적 순간에 판을 뒤집는 상황별 유머 전략

유머의 생명은 상황에 맞아야 한다.

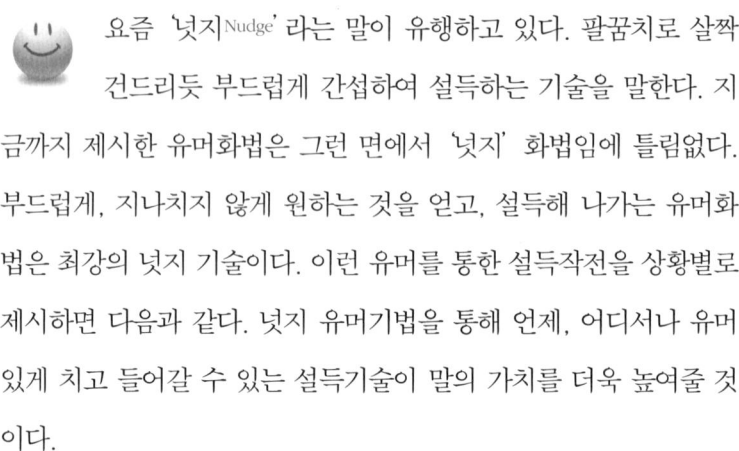요즘 '넛지Nudge'라는 말이 유행하고 있다. 팔꿈치로 살짝 건드리듯 부드럽게 간섭하여 설득하는 기술을 말한다. 지금까지 제시한 유머화법은 그런 면에서 '넛지' 화법임에 틀림없다. 부드럽게, 지나치지 않게 원하는 것을 얻고, 설득해 나가는 유머화법은 최강의 넛지 기술이다. 이런 유머를 통한 설득작전을 상황별로 제시하면 다음과 같다. 넛지 유머기법을 통해 언제, 어디서나 유머있게 치고 들어갈 수 있는 설득기술이 말의 가치를 더욱 높여줄 것이다.

화장실에서

대부분 남성용 공중화장실에 가보면 소변 흘린 흔적으로 불쾌감을 준다. 문제는 어떤 공중화장실도 예외는 아니다. 문제는 이를 청소하고 관리하는 사람 입장에서는 골치 아픈 일임에 틀림없다. 아무리 다가서라고 말해도 흘리는 것은 마찬가지다. 일부 공중화장실에서는 가위를 그려놓은 그림을 볼 수도 있다. 어제 오늘의 일은 아니지만, 전혀 설득력이 없는 접근방식이다. 이럴 때 유머를 발휘하여 부드러운 '넛지'를 가미하면 어떨까. 강압적으로 명령하듯이 "흘리지 마시오." 혹은 "한 발 더 다가서시오."보다는 이런 유머설득이 효과적일 것이다

"당신은 장총이 아닙니다!"

"작다는 것을 알리고 싶으세요?"

"한 방울의 가치를 생각하세요."

또한 이런 문구를 통하여 은근히 자존심을 건드릴 수 있다.

"아무 데서나 흘리는 눈물보다 더 치욕스러운 거 아시죠? 지금 흘리는 한 방울!"

비행기에서

비행기를 타고 여행하다보면 꼭 이런 문구가 나온다.

"금연입니다. 법으로 처벌받을 수 있으니 따라주십시오."

이런 메시지는 식상함을 줄 뿐 아니라 여행객들에게 위압감을 준다. 비싼 돈을 내고 여행하면서 명령식의 간섭을 받을 수 없다는 고객 입장도 배려하면 얼마나 좋을까. 미국의 사우스웨스트항공사는 이런 경우 이렇게 말한다.

"담배를 피우고 싶으신 분은 밖으로 나가세요. 양날개에 의자를 마련해놓았습니다."

여행객들에게 웃음과 설득할 수 있는 유머기법으로 행복을 주는 효과를 발휘할 수 있다. 혹은 이런 화법도 설득력이 있을 것이다.

"비행 중 담배를 피우면 승객들의 기침으로 비행기가 흔들려 궤도를 이탈할 수 있으니, 다시 한 번 생각해보세요."

비행기를 타면 의례히 기장의 인사말을 듣게 된다. 하지만 언제 들어도 천편일률적이다. 매뉴얼 외우듯 말하기보다는 이런 메시지가 효과적일 것이다.

"이 비행기는 뉴욕을 향하고 있습니다. 잘못 탄 분은 빨리 내리세요."

이미 상공을 날고 있는 상태에서 기장의 이런 유머 메시지는 여행을 더 즐겁게 하지 않을까.

또한 비행 중 기류의 영향으로 기체가 심하게 흔들리는 경우도 있다. 이때도 유머를 사용한다면 승객들에게 재미와 여유를 줄 수 있을 것이다.

"승객 여러분, 지금 우리 비행기는 비포장도로를 지나고 있습니다. 잠시 흔들릴 예정이오니 시골길의 추억을 더듬어보시기 바랍니다. 정말 시골길을 걷고 싶은 분은 승무원의 안내에 따라 비상구로 혼자 나가시기 바랍니다."

이 정도의 유머라면 기체 흔들림에서 오는 긴장도 덜어내고 웃음을 선물할 수 있지 않을까. 이처럼 유머는 진실을 전하는 또 하나의 재미있는 화법임에 틀림없다.

식당에서

식당에 들어가면 어느 테이블이나 '금연'이라는 문구를 보게 된다. 당연히 담배를 피우지 않아야겠지만 즐거운 자리에서 명령을 받는 느낌을 떨쳐버릴 수 없다. 어느 식당에 갔더니 이런 문구가 붙어 있었다.

"담배 마음껏 피우세요. 단 99세 이상만!"

이 얼마나 재미있는 설득기술인가. 이런 유머 넘치는 식당에는 친근감이 가고 사장을 바라보는 것만으로도 기분이 좋아진다. 나 같은 경우 이런 식당에서 음식에 바퀴벌레가 나와도 항의하지 못할 것이다. 이것이 유머의 힘이다.

금연하라는 메시지를 이렇게 전할 수도 있을 것이다.

"호랑이에게 배워보세요. 그들은 모두 금연에 성공했어요."

이는 '호랑이 담배 피던 시절.'이라는 말을 뒤집어서 이제는 '담배 피는 호랑이는 없다.'는 역설을 통하여 위트 있게 설득하는 기법이다.

또한 이런 재치 있는 퀴즈도 낼 수 있을 것이다.

"물과 커피의 공통점이 무엇인지 아세요? 셀프라는 겁니다. 저 쪽은 물과 커피가 있으니 마음껏 드세요."

이런 유머퀴즈를 내는 것도 고객에게 웃음을 줄 수 있다.

"가장 야한 음식이 무엇인지 아세요?"

"버섯입니다. 왜냐구요?. 항상 '버섯!' 하잖아요."

고깃집에 어울리는 유머가 있다. 이런 유머를 내면서 소주 한 병을 공짜로 준다면 금상첨화가 아닐까.

"돼지고기는 무엇과 먹을 때 가장 궁합이 맞을까요?"

"아마 새우젓이라고 말하겠지만 사실은 꿀입니다. 돼지가 살아 있을 때 늘 꿀꿀거렸잖아요."

어떤 식당에 가면 밥상에 파리가 날아와 손님들 기분을 상하게 만든다. 이때 당신이 식당 사장이라면 이런 유머를 발휘해보라. 그러면 파리도 날아갈 것이다.

"이 파리 시집보냈는데 또 찾아왔네요. 아마 시댁이 불편한가봐요."

이런 유머에 얼굴을 찌푸릴 손님은 없을 것이다.

부부싸움 다음 날

부부가 다투고 일어난 다음 날 아침은 왠지 어색하다. 아무 일도 없었던 것처럼 말을 하자니 쑥스럽기도 하고, 그냥 침묵으로 넘겨버리자니 더 어색해져가는 것만 같아 점점 고민이 깊어지는 경우가 있다. 만약 당신이 남편이라면 이렇게 말해보라.

"밤새 요리학원 다녀왔어? 음식맛이 보통이 아닌데. 난 지난밤에 마누라가 바뀐 줄 알았어!"

대개 아내들은 음식맛을 칭찬해주면 좋아한다. 이런 상황에서 웃는 얼굴로 대하지 않을 아내는 없을 것이다. 만약 당신이 아내라면 이렇게 말을 건네보라.

"밤새 철들었나? 얼굴이 두툼해졌군요. 이러다 몸무게 너무 많이 나가는 거 아녜요?"

이는 사람의 몸무게는 철들 때 가장 많이 나간다는 유머를 빗대어

하는 말이다.

내가 아는 한 선배는 외도로 의심받으며 부부싸움을 벌인 적이 있었다. 그 선배는 재치 있게 이렇게 응수했다고 한다.

"그래, 당신 말대로 당신보다 먼저 벌거벗은 내 알몸을 본 여자가 있었어. 그렇게 알고 싶으면 말해줄까? 바로 어머니야!"

부부싸움은 가끔 오기가 발동하기도 한다. 그래서 남편들은 이렇게 큰소리친다.

"흥, 당신 아니면 내가 못 살 줄 알아. 인명은 재천이라구. 당신 없이도 얼마든지 떵떵거리며 살 수 있다구."

이런 말을 들은 당신이 아내라면 이렇게 응수할 수 있을 것이다.

"뭐라, 인명은 재천이라고? 이제 인명은 재처인지 몰라."

회의에 지각할 때

회의에 지각하면 대개 민망하고 자신감을 잃으며 발언할 용기마저 나질 않는다. 하지만 이를 유머 있게 치고 나가면 시간 약속을 못 지킨다는 오해도 떨쳐버리고 오히려 분위기를 리드해 나갈 수 있다.

"오늘 회의懷疑에 빠지지 않기 위해 회의에 늦었습니다."

그리고 이렇게 덧붙이는 것이다.

"우리 더 이상 회의에 빠지는 우를 범하지 맙시다."

혹은 이렇게 밀고나갈 수도 있을 것이다.

"버스 뒷자리에 앉았더니 좀 늦었습니다. 앞으로 회의 있는 날에는 꼭 앞자리에 앉겠습니다."

또한 이런 재치는 어떨까.

"여러분에게 좋은 자리를 양보하려고 잠시 기다리다 들어왔습니다."

첫 인사 때

첫 인사를 나누는 데 상대방이 명함을 챙기지 못해 안절부절 못하는 경우를 볼 수 있다. 이때 웃으면서 이런 유머를 말해보라. 그러면 순간에 부드러운 만남으로 이어질 것이다.

"나도 유명할 때는 명함이 없었습니다. 원래 넘버원은 명함이 없잖아요. 오늘 대단한 분을 뵙게 되어 영광입니다. 마치 잘나갈 때 제 모습을 보는 것 같아 어깨가 으쓱합니다."

반대로 내가 명함을 챙기지 못해 상대방 명함만 손에 쥐고 "명함을 챙기지 못해 죄송합니다."라는 말을 연거푸 하는 경우가 있다. 이때도 당당하게 이런 유머를 구사해보라.

"명함이 다 떨어졌는데 더 확실한 것을 드릴까요. 주민등록증이나 운전면허증 말입니다."

이렇게 재치 있게 유머를 날릴 수 있다면 어떤 명함을 건네는 것보다 오히려 더 인상적인 만남이 될 수 있을 것이다. 이처럼 명함을 화려하게 꾸미기보다는 유머를 화려하게 꾸미는 것이 상대를 사로잡는 비결이다.

또 이런 유머로 첫 만남에서 웃음을 유도할 수 있다.

"뵙고 나니 괜히 기분이 좋아지는군요. 혹시 제가 돈이라도 빌려준 적이 있었나요?"

오랜만에 만난 친구를 보고 늙지 않고 그냥 그대로라는 말을 대신할 유머를 구사해보자.

"넌 나이를 거꾸로 먹냐? 이러다 분유 사 달라고 조르는 거 아냐!"

자녀와의 대화

갈수록 아들의 성적이 떨어져 고민하는 아빠가 있다. 아무리 공부하라 말해도 달라지질 않는다. 그렇다고 매일 잔소리만 할 수도 없고, 아빠의 고민은 더욱 깊어진다.

아들은 아빠의 잔소리에 이렇게 응수한다.

"아빠는 공부가 인생의 전부라고 생각하세요?"

요즘 아이들 똑똑해서 자칫 엉뚱하게 대답했다가는 아빠의 체면만 구기고 만다. 이럴 때 한 방으로 아이의 기를 꺾고 책상으로 내모는 방법이 있다.

"그래. 공부가 전부는 아니다. 하지만 나중에 네 마누라 얼굴은 달라진단다!"

게다가 요즘 아이들은 이렇게 대드는 경우를 볼 수 있다.

"아빠가 내 인생을 알아?"

그럼 이렇게 응대해보라.

"그래, 네 인생을 모르지. 하지만 네가 내 딸인 것은 분명하단다."

강의 시에

나는 강의 시에 두 가지 유머로 분위기를 잡는다. 내 유머에 반응하여 웃음이 나오면 그들은 내 작전에 말려든 것이다. 강연에서 강사의 첫 마디는 그 날 강의의 흐름을 좌우한다.

"오늘 여러분 앞에 서게 된 것을 영광으로 생각하며……."

이런 판에 박힌 인사말로 첫 인사를 하면 모두 졸기 십상이다.

또 어떤 강사는 이렇게 시작한다.

"부족한 제가 여러분 앞에 서게 되어 쑥스럽게 생각하며……."

부족한 사람이 왜 집에 있지, 강단에 서서 변명까지 하는가. 이런 인사말을 하는 강사는 이미 실망감을 준 것이나 다름없다. 나는 이렇게 첫 마디를 연다.

"저 아시죠?"

그럼 대개 청중들은 안다는 사람과, 처음이라는 사람, 반반으로 나뉜다. 그때 나는 이렇게 말을 한다.

"저 신문에 자주 나오는데요."

그럼 여기저기서 안다고 말하는 사람이 늘어난다. 그때 나는 이렇게 말한다.

"제가 자주 나가는 신문은 저희 가족 신문입니다."

그럼 여기저기서 웃음이 터져 나온다.

또 하나는 이렇게 첫 마디를 연다.

"오늘 제 강의는 열두 시까지입니다. 여러분의 강의 듣는 태도가 좋으면 조금 일찍 끝내려고 합니다. 괜찮죠?"

이렇게 말하면 여기저기서 찬성이라며 소리치고 난리가 난다. 이때 나는 이런 유머로 펀치를 날린다.

"그럼 제 강의는 11시 59분에 끝내도록 하겠습니다."

여기서 웃지 않는 사람은 없다. 이런 웃음으로 첫 마디를 리드해 나가면 그날은 내 마음대로 청중을 쥐고 흔들 수 있다.

국회에서

"정치인과 파리의 공통점이 무엇인지 아세요?"
"신문입니다."
"왜 하필 신문이죠?"
"신문에게 맞아죽잖아요."

정치인들 스스로 이런 유머를 할 수 있다면 품격 있는 정치를 하고 더 깨끗한 정치문화를 만들어갈 수 있을 것이다.

만약 당신이 선거에 출마했다면 이렇게 연설해보라. 분명히 효과가 있을 것이다.

"제가 가장 좋아하는 라면이 무엇인지 아세요. '여러분과 함께라면'입니다. 저는 늘 여러분과 함께하는 맛있는 라면이 되겠습니다."

장황하게 말을 많이 하는 것보다는 위트 넘치는 유머 한 토막이 유권자들의 마음을 사로잡을 것이다.

일하지 않고 싸우는 국회를 두고 이런 비난을 하는 사람들이 많다.

"국회가 개판이야!"

이런 경우 당신이 정치인이라면 이렇게 응대하면 더 친근감을 불러일으킬 수 있을 것이다.

"나는 국회가 개판이 아니라고 주장합니다. 그 이유는 대부분의 개들이 저희들을 싫어하기 때문입니다"

초등학교 선거에서

요즘은 리더십이 강조되다 보니 반장선거에 출마하는 아이들의 연설 솜씨가 국회를 방불케 한다. 어느 초등학교 반장선거의 유세현장이다. 키가 작아 콤플렉스에 빠진 아이가 유머 한 토막으로 상황을 역전시킬 수 있었다.

"나는 여러분보다 키가 작아요. 하지만 비는 여러분이 나보다 먼저 맞을 것입니다."

그리고 이렇게 말하는 것이었다.

"땅에서 사람의 잣대로 보면 여러분이 키가 크지만 하늘에서 주님께서 재실 때는 내가 더 큽니다."

이런 재치 넘치는 연설이라면 당연히 박수와 표를 동시에 독차지하지 않을까.

가게에서

생선을 팔면서 대개 상인들은 싱싱하다고 소리친다. 만약 당신이 상인이고, 어떤 손님이 왜 무조건 생선이 싱싱하다며 속이느냐고 따진다면 이렇게 응수하라.

"생선은 싱싱합니다. 날 떠나기 싫어서 죽은 척하는 겁니다."

이렇게 말하면 아무리 냉혈한이라고 해도 그 생선을 웃으며 사고야 말 것이다.

만약 당신이 채소가게를 운영하는 사장이라면 이렇게 말할 수도 있을 것이다.

"당근 사세요. 이 당근 먹으면 만사가 편안해집니다. 모든 게 당근이거든요."

파를 팔 때는 최불암 씨를 빗대어 보라.

"최불암 씨 드려요. 어서 사세요."

이 유머는 최불암 씨의 캐릭터인 특유의 웃음소리, "파~!"를 소재로 던지는 유머다.

설교시간에

요즘은 목사나 신부들도 '유머 배우기' 열풍이 불고 있다. 설교나 강론시간에 신자가 조는 것은 아무래도 자신의 리더십이 부족하다고 느끼기 때문이다. 그렇다고 직설적으로 졸지 말라고 말할 수도 없으니 신자들을 리드해 나가는 일이 쉽지 만은 않은 것이다. 만약 당신이 이런 목회자라면 이렇게 유머러스한 말을 할 수도 있을 것이다.

"기도 중에 졸고 있는 형제나 자매님이 반드시 지옥에 가는 것은 아닙니다."

이렇게 부드럽게 터치해주면 아무래도 시선을 집중시키는 데 효과가 있을 것이다. 또한 강론 중에 핸드폰이 울려서 기도시간을 당황스럽게 만드는 일도 종종 있다. 이때 설교하던 목사가 핸드폰 좀 끄라고 말하면 얼마나 분위기가 썰렁하겠는가.

이럴 때 일수록 웃음을 유발할 수 있는 위트감각이 필요하다. 아마 이렇게 유머를 구사한다면 신자들의 시선을 집중시키고 탁월한 리더십을 발휘할 수 있을 것이다.

"받아보세요. 주님께서 벌써 응답하십니다."

또한 설교 중에 조는 신자들이 가끔 있다. 졸지 말고 하나님 말씀을 들으라고 말하면 분위기가 딱딱해지고, 열심히 듣는 다른 신자들에게도 어색하게 들릴 것이다. 이런 때는 이런 재치로 잠자는 신자를 깨울 수 있다.

"하나님 아버지께서 말씀하십니다. 지금 조는 자, 내 아들, 딸이 아니니라! 그들이 하늘나라에 들어가기는 낙타가 바늘구멍을 빠져 나가는 것보다 어렵다."

병원에서

요즘 병원 경기가 예전만 못하다 보니 환자 유치에 온 힘을 쏟고 있다. 본격적인 고객 서비스 전략에 나서는 병원들이 늘고 있다는 것이다. 특히 환자를 대하는 의사들의 태도가 예전과는 사뭇 다르게 변하고 있음을 주목할 필요가 있다. 의사들만이 알아들을 수 있는 전문용어를 일방적으로 듣던 시대도 지나가는 느낌이다. 특히 발 빠른 의사들은 유머화법을 구사하여 환자의 심리치료에 앞장서고 고객 서비스 차원에서 차별화를 기하고 있다.

특히 의사만이 아니라 간호사들이 유머를 구사해야 냄새 나는 병원에서 기다려야만 하는 환자들의 마음을 안정시킬 수 있고 평안한 서비스를 제공할 수 있다.

만약 당신이 의사라면 이런 여유 있는 유머를 던질 수 있을 것이다.

"아이가 세상에 태어나자마자 우는 이유가 무엇인지 아세요? 많은 분들은 추워서 울 것이라고 말하죠. 하지만 저는 의사 입장에서 그렇게 생각하지 않아요. 이 아기가 우는 이유는 간단합니다. 밥줄이 끊어져서 우는 겁니다."

이런 유머를 구사한다면 병원 분위기는 한결 부드러워질 것이다. 병원을 자주 다니는 것은 좋은 일이 아니지만 이쯤 되면 왠지 병원을 자주 가고 싶은 마음이 들지 않을까.

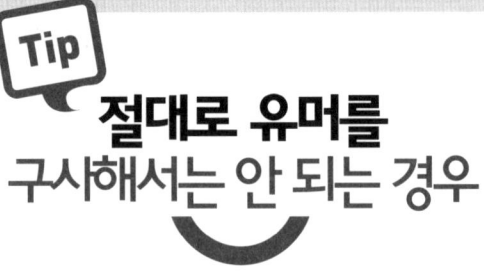

절대로 유머를 구사해서는 안 되는 경우

유머도 가려서 해야 한다. 괜히 분위기 살리려 유머를 잘못 사용하면 낭패 보기 십상이다. 모 인사는 술자리에서 재미있는 건배사를 소개하겠다며 오바마를 외쳤다.

"오빠 바라만 보지 말고 마음대로 해!"

다음 날 언론에 성희롱으로 비화되는 보도가 나간 뒤 건배사를 했던 모 인사는 하루 만에 사직하고 말았다. 당신이 유머로 무장하고 싶다면 특히 다음과 같은 경우를 조심하라. 유머가 자신의 목을 죄는 독이 되지 않게 하려면 말이다.

- 상대를 깎아내리는 유머
- 윗사람을 소재로 하는 유머
- 성을 소재로 하는 유머
- 상황에 걸맞지 않는 유머
- 부정적인 의도를 드러내기 위한 유머
- 진지한 대화에 끼워넣는 썰렁 유머
- 자신을 과시하는 유머

4
명사들에게 배우는 실전 유머화법

유머야말로 리더들의 핵심 역량이다.

 미국 대통령 로널드 레이건

레이건은 배우 출신답게 대통령직도 배우처럼 수행했던 인물이다. 어떤 상황에서도 유연하며 여유를 잃지 않는 호감 가는 그의 유머감각은 위기에 처할수록 더욱 빛났다. 이런 그의 재치 있는 유머감각이 배우출신이라는 한계를 넘어 정치적인 리더십을 발휘하게 만드는 요인이 되었다. 레이건 대통령이 재임 시절 헝클리로부터 저격을 받고 병상에 누워 있을 때 수술실에 도착한 의사를 바라보며 "물론 당신들도 공화당원이겠지. 민주당원이면 수술 안 받겠네."라고 말하자 주치의가 "물론입니다. 각하, 오늘만은 우리 모두 각하를 위한 공화당원입니다."라고 말했다. 자신이 공화당 출신 대통령이라는 것을 드러내며 총상을 당했지만 건재하다는 것을 국민들에게 보여준 놀라운 위트감각이다. 대통령이 저격을 받아 온 국민이 슬퍼하던 순간, 그는 여유와 배짱 그리고 유머로 오히려 국민들을 안심시켰다.

그는 또한 가슴 조이며 병상을 찾은 낸시 여사에게 이렇게 말했다.

"여보 총알이 날아오는 걸 깜박했어. 영화에서는 재빠르게 참 잘 피했는데……."

이런 유머 한 마디는 그의 지지도를 상승시키는 계기가 되었고 정치적인 리더십을 과감하게 보여주는 좋은 기회였다. 추후에 그는 이런 유머를 남겼다. 어떤 참모가 지지도가 떨어진다는 여론 결과를 보고하자 이렇게 받아쳤다.

"걱정 말게. 총알 한 번 더 맞으면 되겠지."

레이건의 경우처럼 유머는 그저 웃음을 나누기 위한 말잔치가 아니다. 깊이 있고 의미를 나눌 수 있고 핵심을 찌르는 위트감각이 돋보여야 한다. 그러기 위해서는 상황을 잘 파악해야 한다.

레이건이 80년도 대선에 출마했을 때의 일이다. 그는 다음과 같은 연설을 함으로써 군중들로부터 열렬한 박수를 받았다.

"미국의 경제상황을 판단하는 기준은 세 가지다. 경기침체recession는 이웃이 실직했을 때, 불황depression은 내가 실직했을 때, 경기회복recovery은 카터가 물러났을 때이다."

굳이 자신이 대통령이 되어야 하는 이유를 대기 전에 상황에 맞는 유머화법을 통하여 카터의 경제실책을 꼬집고 경기를 살려야 한다는 일침을 놓은 것이다.

레이건이 재선에 도전했을 때 그의 나이는 미국 역사상 가장 나이가 많은 대통령 후보였다. 상대편 후보는 당연히 그의 고령과 건강을 주요 이슈로 부각시키려 노력했다. 상대방 후보였던 먼데일은 방송사 토론에서 이렇게 레이건을 공격했다.

"우리 미국은 젊고 패기 있는 지도자를 원하고 있습니다. 이점은 국민 여러분이나 레이건 씨 자신도 잘 알고 있으리라 믿습니다."

먼데일 후보의 이러한 공격에 레이건은 웃으면서 이렇게 받아넘겼다.

"나는 이 자리에서 상대가 나이 어리다는 것을 문제 삼지 않기로 했습니다."

이 얼마나 노련하고 세련된 유머화법인가. 오히려 공격했던 먼데일이 궁지에 몰리고, 청중들을 웃음으로 유도하며, 자기 편으로 만드는 레이건식 화법이야말로 유머 한 마디로 백 마디 말을 이길 수 있다는 촌철살인의 효과를 냈다.

가수 이용복

가수 이용복 씨는 아름다운 목소리만큼이나 심금을 울리는 노래 솜씨로 기성세대들의 인기를 독차지하던 시절이 있었다. 그가 앞을 볼 수 없다는 것을 모르는 사람은 없을 것이다. 언젠가 이용복 씨가 텔레비전에 출현하여 인터뷰하는 장면이 나왔다. 그는 이 인터뷰에서 앞을 볼 수 없다는 동정을 한순간에 무너뜨리고, 자신감 있게 열정적으로 살아가고 있다는 것을 세상 사람들에게 재치 있게 알렸다.

그는 이렇게 말한 적이 있다.

"엊그제부터 골프를 치기 시작했어요. 여러분도 한번 쳐보세요."

허를 찌르는 그의 유머가 빛을 발한 순간이었다.

어느 방송에서는 이렇게 인사를 하여 웃음을 안겨주었다.

"팬 여러분, 오랜만에 만나서 반가워요. 얼굴은 모두 그대로군요."

이 얼마나 돋보이는 유머감각인가. 그가 아름다운 목소리를 잃지 않고 행복한 웃음을 줄 수 있는 비결은, 다름 아닌 긍정적인 사고일 것이다. 이처럼 긍정적인 사고는 보통 사람이 볼 수 없는, 또 다른 세상을 보게 만드는 마력이 숨겨져 있다. 유머야말로 긍정적인 사고에서 그 씨앗이 돋아날 수 있다.

영국 수상 윈스턴 처칠

처칠은 정치인으로서 알려져 있지만 그는 노벨문학상을 받을 만큼 지적이고 감성이 풍부한 문학가이기도 했다. 그의 말은 '9할이 유머'라는 말이 있다. 그만큼 지적이고 감성적인 유머리스트로서 정치력을 발휘하는 리더십을 과감히 보여주었다. 특히 그의 유머는 위기를 기회로 반전시키는 위트감각이 대단했다. 처칠을 통하여 유머는 단순히 '웃기기 위한 말잔치'가 아니라, 고도의 세련된, '말의 예술'이라는 것을 배울 수 있다. 나는 처칠이야말로 유머 아티스트라고 말하고 싶다. 아래의 예에서 보는 바와 같이 처칠의 유머는 상황을 유머로 빗대어 묘하게 뒤집는 기술을 보여준다. 불리한 상황에서 유머로 빠져나오는 기법도 처칠 유머의 특징이다.

처칠은 늦잠 자는 버릇 때문에 화제에 오른 인물이기도 했다. 그래서 처칠에게는 파이프 담배와 위스키 그리고 늦잠의 닉네임이 붙어 있다. 어느 날 한 야당의원이 이를 비난하고 나섰다.

"국민들은 늦잠 자는 정치인을 필요로 하지 않습니다."

이 말을 들은 처칠은 이렇게 응수했다.

"글쎄요. 아마 당신도 나처럼 예쁜 여자와 함께 산다면 아침에 일찍 일어나지는 못할 거요."

이 유머 한 마디로 회의장은 웃음바다가 되었고, 오히려 자기 부인이 미인이라는 것을 은근히 과시하는 효과까지 얻을 수 있었다. 이런 궁지에 몰리는 상황에서 이런 뒤집기 기술은 유머가 아니고서는 그 어느 것도 없을 것이다.

처칠이 이끄는 보수당이 총선에 패해서 수상 자리가 노동당 당수인 애틀리에게 넘어갔을 때였다. 애틀리는 집권하자마자 대기업의 국유화 정책을 적극적으로 추천했고, 의회는 이를 둘러싼 여야 간의 대립으로 난상토론을 했다. 국유화에 대한 논쟁이 한창 가열 중이던 어느 날 휴식 시간에 처칠이 화장실에 들렀다. 그런데 화장실은 의원들로 만원이었다. 오직 하나, 애틀리의 옆자리가 비어 있었다. 그러나 처칠은 그 자리에서 소변을 보지 않고 다른 자리가 날 때까지 기다렸다. 그러자 애틀리가 처칠에게 말했다.

"제 옆에 빈자리가 있는데 왜 가만히 계시죠? 나한테 무슨 감정이라도 있으십니까?"

"그럴 리가요?"

처칠이 대답했다.

"당신 옆자리에 가려니까 괜히 겁이 납니다. 당신은 뭐든지 큰 것만 보면 국유화를 하자고 해서. 혹시 제 것을 보고 국유화하자고 할까봐 겁이 납니다."

유머를 배우려는 사람들이 털어놓는 고민거리가 있다. 유머를 외워도 재미있게 구사할 수 없다는 것이다. 하지만 처칠은 한 번도 유머를 외운 적이 없다. 억지로 만들기 위해 노력하지도 않았다. 다만 그때그때의 상황에 맞는, 재치 있는 언어가 탁월했을 뿐이다. 이것이 유머의 힘이며, 처칠 유머의 특성이다.

어느 날 처칠이 의회에서 한 의원으로부터 실책에 대해 호된 추궁을 받았다. 의원의 발언은 듣기가 민망할 정도로 너무나 원색적이었다. 끝까지 말없이 듣고 있던 처칠은 그 의원의 발언이 끝나자 연단으로 내려가서 이렇게 말했다.

"이 밖에도 많은 잘못을 저질렀는데 아마 대부분 모르고 있을 것입니다."

이것이야말로 배짱 두둑한 유머의 힘이 아닐 수 없다. 상대방을 인정하면서 자신의 위상을 드러내는 재치는 처칠만이 가질 수 있는 노련한 감각이다.

처칠이 언젠가 캐나다를 방문하여 환영식에 참석하게 되었다. 그런 그의 옆자리에는 목사 한 분이 있었다. 여직원이 와인을 들고 그들에게 나타났다. 그녀는 처칠에게 한 잔, 목사에게 한 잔을 권했다. 처칠은 잔을 받아 마셨지만 그 목사는 술을 보더니 이렇게 거절했다.

"아가씨, 술과 간음 중에 하나만 택하라면 나는 간음을 택하겠소."

자신은 술을 먹지 않는다는 것을 강조한 것이다. 처칠은 잠시 머뭇거리더니 이렇게 말했다.

"아가씨, 이리 와봐요. 내가 다른 걸 택해도 되는 줄 몰랐네요."

처칠을 통하여 유머가 상황을 뒤집고, 반전시키는 놀라운 힘이 있다는 것을 배울 수 있다.

작가 마크 트웨인

마크 트웨인은 잘 알려진 유머작가다. 하지만 그는 작가 이전에 삶 자체가 유머였다. 그가 재미있고 훌륭한 저술을 남길 수 있었던 힘도 유머에서 나왔다는 평이다.

어느 날 마크 트웨인이 어떤 책을 빌리려고 이웃집에 간 적이 있었다. 그런데 이웃 사람은 마크 트웨인에게 유머 섞인 말투로 이렇게 말했다.

"당연히 빌려줘야지. 얼마든지 보게나. 그러나 한 가지 부탁이 있네."

"그게 뭐죠?"

마크 트웨인은 책을 빌려갈 생각에 기분 좋아라 물었다. 그러자 이웃 사람은 이렇게 말했다.

"응, 여기서 읽으라는 걸세. 책을 서재 밖으로 절대로 내보내지 않기로 했거든."

그런데 며칠이 지나서 그 사람은 마크 트웨인에게 잔디 깎는 기계를 빌리러 왔다.

"마크, 잔디 깎는 기계를 좀 빌려줘."

마크 트웨인은 웃으면서 말했다.

"당연히 빌려줘야죠. 얼마든지 쓰세요."

"고마워. 참으로 친절하군."

"그런데 한 가지 조건이 있어요."

"그게 뭐지?"

"네, 여기서 쓰시라는 겁니다. 절대로 집 밖으로는 그걸 내보내지 않기로 했거든요."

마크 트웨인의 말은 자기 집 잔디를 깎으라는 말이나 다름없다. 이처럼 유머화법은 공격할 때도 상대방의 기분을 언짢게 하지 않으면서 효과적인 힘을 발휘할 수 있다. 노자는 일찍이 "柔能制剛유능제강"이라고 말했다. 부드러움이 강한 것을 이긴다는 말이다. 유머야말로 '유능제강'을 주장한 노자 철학의 핵심이다. 논리적이고 거칠고 딱딱하며 강한 듯한 말투를 유머가 이길 수 있기 때문이다.

유머처방전
왜 유머 있게 말해야 하는가

유머는 진실을 전달하는 기술이다. 단지 언어의 유희를 넘어 재미있고 기억하기 쉬우며, 긴장감을 무너뜨리고 신뢰감을 줄 수 있다. 그래서 유머는 물과 같다고 한다. 말없이 흐르는 물이 만물을 이롭게 하듯이, 유머가 통하지 않는 곳은 없다. 당신이 유머 있게 말해야 하는 이유는 이러하다.

- 유머는 긴장감을 해소하고 어색한 분위기를 반전시킨다.
- 유머는 웃음을 유발하여 두 사람 간의 관계를 돈독히 한다.
- 유머는 말하는 사람의 품격을 높이는 포장기능을 한다.
- 장황한 말보다 설득력이 있다.
- 유머는 자신감을 심어주며 상대에게 한 수 위라는 것을 과시하게 해준다.
- 말을 듣는 사람에게 신뢰감을 줄 수 있다.
- 상대를 공격할 때 유머로 빗대어 할 말을 다하게 한다.
- 난처한 상황에 처할 때 유머로 곤경에서 벗어날 수 있다.
- 유머는 대화 분위기를 리드하게 만드는 마력이 있다.
- 상황에 맞는 유머는 이해력을 높이고, 인상적인 이미지를 남긴다.

1%리더만 아는
유머 대화법

초판 1쇄 발행 2011년 9월 30일
초판 18쇄 발행 2023년 12월 20일

지은이 임붕영
펴낸곳 (주)도서출판 미래지식
펴낸이 박수길

주소 경기도 고양시 덕양구 통일로 140 삼송테크노밸리 A동 3층 333호
전화 02) 389-0152 | **팩스** 02) 389-0156
홈페이지 www.miraejisig.co.kr | **이메일** miraejisig@naver.com
등록번호 제 2018-000205호

∗ 이 책의 판권은 미래지식에 있습니다.
∗ 값은 표지 뒷면에 표기되어 있습니다.
∗ 잘못된 책은 구입하신 서점에서 바꾸어 드립니다.

ISBN 978-89-6584-008-4 (13320)

국립중앙도서관 출판시도서목록(CIP)

(1% 리더만 아는) 유머 대화법 = Humorous conversation /
지은이: 임붕영 — 서울 : 미래지식, 2011
p.272 ; cm

ISBN 978-89-6584-008-4 13320 : ₩13000

유머 감각[—感覺]
대화법[對話法]

802.5-KDC5
808.5-DDC21   CIP2011003858

미래지식은 좋은 원고와 책에 관한 빛나는 아이디어를 기다립니다.
이메일(miraejisig@naver.com)로 간단한 개요와 연락처 등을 보내주시면
정성으로 고견을 참고하겠습니다. 많은 응모바랍니다.